Peter Stamm

Agnes

von Michael Braun

Schroedel Interpretationen Band 24

Druck A 1 / Jahr 2012

Redaktion: Dr. Hans-Georg Schede
Reihentypografie: Thomas Schröder, Braunschweig
Satz: Ira Petersohn, Ellerbek
Repro und Druck: westermann druck GmbH, Braunschweig
Titelbild: Peter Stamm in Paris. © INTERFOTO / Writer Pictures Ltd

ISBN 978-3-507-47720-9

Einführung

Liebesgeschichten mit weiblichen Personennamen im Titel gehen selten gut aus. Die Hauptfigur in Gustave Flauberts *Madame Bovary* (1857), Leo Tolstois *Anna Karenina* (1877/78), Theodor Fontanes *Effi Briest* (1895) oder Arthur Schnitzlers *Therese* (1928) ist jeweils eine unglücklich Liebende, die im Konflikt mit der Gesellschaft und ihren Normen stirbt. Auch Peter Stamms Debütroman *Agnes* (1998) scheint sich hier einzureihen. Doch ist diese Frau, eine junge, spröde wirkende amerikanische Naturwissenschaftlerin, die Cello spielt und Glück für eine Augenblickserfahrung hält, am Ende wirklich tot, wie der Ich-Erzähler, der zugleich ihr Geliebter ist, behauptet? Von diesem unverlässlichen Erzähler stammen zwei Geschichten: zunächst die von einer verschwundenen, aber nicht verwundenen Liebe. Diese tragisch endende Story flankiert eine zweite, fiktive und wunschbesetzte Liebesgeschichte mit Happy End. Diese konträren Entwürfe erzeugen eine eigenartige Spannung. Sie liegt in dem betonten Ernst, mit dem die Versionen der Geschichte über Agnes miteinander in Konkurrenz treten. *Agnes* wird so zum postmodernen Liebesroman und zugleich zur »verstörende[n] Parabel« (Kopp-Marx, S. 53) über die Macht und Ohnmacht des Geschichtenerzählens.

Agnes ist ein außergewöhnlich erfolgreiches Buch und das bekannteste Werk Peter Stamms. Es ist bereits in 20 Ländern erschienen. Die ungewöhnliche Liebesgeschichte und die ebenso ungewöhnliche Art, wie sie erzählt wird, haben Kritiker wie Leser von Beginn an fasziniert. Ein Kommentator hat den schmalen Roman sogar als den » ›Urfaust‹ des stammschen Geschichtenkosmos« bezeichnet (Schwahl, S. 93).

In der Tat sind hier die zentralen Themen von Stamms epischem Werk bereits angelegt: die Liebes- und Glückssuche in glücksfernen Zeiten, die Grenzen der Kommunikation, das

Spiel mit der Fiktion und der stille Kampf der Geschlechter. Die Titelheldin Agnes ist der Prototyp der unscheinbaren, ziellos traurigen Frauenheldinnen in Stamms Romanen und Erzählungen, die mit ihren ambivalenten Gefühlen von ihren männlichen Partnern oft allein gelassen werden. Auch wichtige Leitmotive der späteren Werke klingen schon an: das Motiv der Kälte und das Motiv der zum Seelenbild werdenden Landschaft; der Titel des Romans *Ungefähre Landschaft* (2001) taucht bereits in *Agnes* auf: »Die Landschaft hatte [...] etwas Ungefähres« (S. 34). Zudem zeigt die Struktur von *Agnes* die virtuose Erzählkunst des Autors. Peter Stamms *Agnes* ist ein hochreflektiertes und dabei gut lesbares poetisches Dokument seiner Zeit, Literatur aus unserer und über unsere Gegenwart.

Ziel dieses Bands ist es, diesen zeitdiagnostischen Gehalt und den ästhetischen Rang des Romans deutlich zu machen. Analysiert werden beispielsweise die spezifische Form des Romans, der hinter der präzisen äußeren Ordnung eine irrtumsanfällige Kommunikation aufscheinen lässt, das offene Roman-Ende und die Rolle, die das auf dem Titel-Cover der Erstausgabe gezeigte Gemälde von Georges Seurat spielt; ferner das Motiv der Kälte, die beiden Hauptfiguren und die wichtigste Nebenfigur, Louise. Der Gehalt des Romans lässt sich aus verschiedenen Lesarten erschließen, die gleichberechtigt nebeneinanderstehen und sich nicht ausschließen, sondern gegenseitig bedingen. Eine postmoderne Lesart des Romans wird durch die Geschichte in der Geschichte ermöglicht. Diese Verdopplung der Geschichte lenkt den Blick auf die Frage der Identität und das biblische Bilderverbot.

Zitiert wird (durch einfache Nennung der Seite) nach der Taschenbuchausgabe des Romans, die seitenidentisch mit der Erstausgabe (1998) im Zürcher Arche Verlag ist. Alle weiteren Zitate werden mithilfe von Kürzeln nachgewiesen, die in der Auswahlbibliographie aufgeschlüsselt sind.

I Biographische und zeitgeschichtliche Einflüsse

1 Biographischer Zusammenhang

Der am 18. Januar 1963 in dem 9000-Einwohner-Ort Weinfelden (im Kanton Thurgau in der Ostschweiz) geborene Autor war mit 35 Jahren, als sein erster Roman erschien, nicht mehr der Jüngste im schnelllebigen Literaturbetrieb, aber alles andere als ein Anfänger der schreibenden Zunft. Schon in den frühen 1990er-Jahren hatte er journalistische Erfahrungen in der regionalen und überregionalen Presse gesammelt, das Satirebuch *Alles über den Mann* (1995) und ein Sachbuch über die Schweiz (1997) publiziert und sich an Prosatexten versucht. Seit 1991 wurden im deutschsprachigen Schweizer Radio DRS mehrere Hörspiele von Peter Stamm ausgestrahlt; 1995 erhielt der Autor den ›Deutschschweizer Hörspielpreis der Stiftung Radio Basel‹ für *Der letzte Autofahrer.*

Auf seiner Homepage erläutert Peter Stamm, wie er zum erfolgreichen Hörspielautor wurde:

> Zum Hörspiel kam ich durch einen Wettbewerb. Ich hatte vorher nur Prosa geschrieben und versuchte mich Anfang der neunziger Jahre zum erstenmal an einem dramatischen Text. Der wurde zwar nicht prämiert, aber kurz nach dem Wettbewerb rief mich Franziskus Abgottspohn von Radio DRS 1 an, der Mitglied der Jury gewesen war und mein Stück gemocht hatte. Er ermutigte mich, Hörspiele zu schreiben. Ich machte mich an die Arbeit, und DRS 1 lehnte einiges ab und nahm einiges an. *Ich und die anderen,* das 1991 produziert wurde, war meine erste literarische Veröffentlichung. Ein weiterer Wettbewerb führte mich

> 1995 zu Radio DRS2. Das Thema war *Strasse*, und ich schrieb in sehr kurzer Zeit *Der letzte Autofahrer*, das zusammen mit einem anderen Stück prämiert und produziert wurde. Regisseur des *letzten Autofahrers* war Claude Pierre Salmony, mit dem ich mich anfreundete. Die nächsten zwei Projekte waren Collagen, bei denen ebenfalls Claude Pierre Salmony die Regie führte. Ich war während der Produktion im Studio und entdeckte erst jetzt die vielen Möglichkeiten dieses Mediums. Inzwischen habe ich mehr als ein Dutzend Hörspiele geschrieben, neben stilistisch experimentelleren Arbeiten auch immer wieder erzählende Stücke und Adaptationen meiner Erzählungen.

18 Hörspiele Peter Stamms führt die Autorenbibliographie auf der Homepage des Kölner Hartmann & Stauffacher Verlags auf (http://cms.hsverlag.com/?autoren/detail/a80). Elf von ihnen wurden gesendet. Hinzu kommen Theaterstücke; drei sind 2004 in dem Band *Der Kuß des Kohaku* erschienen.

In einem Interview von 2004 berichtet Peter Stamm über sein Elternhaus und seine Kindheit: »Meine Eltern haben den Krieg als Kinder erlebt und später das Wirtschaftswunder mitgemacht, das es in abgeschwächter Form auch in der Schweiz gegeben hat. Wir waren nicht reich, aber ich bin ohne wirtschaftliche Not aufgewachsen. Ich habe zwei Brüder und eine Schwester. [...] In der Schule war ich notorisch unterfordert und konnte es mir leisten, viel Zeit in meiner Fantasiewelt zu verbringen. Ich las viel und war nicht sehr wählerisch in dem, was ich las« (KI, S. 412). Als Jugendlicher, so der Autor in einem anderen Interview aus dem Jahr 2011, war er »grün, bevor es die Grünen überhaupt gab«: Er habe mit Gleichgesinnten »gegen eine Umgehungsstraße und die Vergrößerung der Industriezone gekämpft, Zigaretten selbst gedreht und gemeinsam diskutiert. Zugleich waren wir, was Äußerlichkeiten

Peter Stamm (geboren 1963). Aufnahme aus dem Jahr 2001.

angeht, ziemlich ideologisch. Wer keine Jeans trug, war ein Klassenverräter. Außerdem trug man per se diese olivgrünen Parkas mit dem deutschen Fähnlein am Ärmel. Wer so nicht war, gehörte nicht dazu.« (Wiederstein)

Nach einer kaufmännischen Lehre bei einer ortsansässigen Treuhandgesellschaft arbeitete Stamm ein Jahr lang in Paris als Buchhalter und holte anschließend auf dem zweiten Bildungsweg die Matura nach. Nach einem einsemestrigen Studium der Anglistik und einem halbjährigen Aufenthalt in New York wechselte er die Fachrichtung und begann ein Psychologiestudium, mit den Nebenfächern Psychopathologie und Informatik. Er absolvierte Praktika in Psychiatrischen Kliniken. Er habe, so Stamm im Rückblick, »mehr über den Menschen erfahren« wollen, um ihn besser beobachten und beschreiben zu können; »es geht in meinem Schreiben immer um menschliche Beziehungen« (KI, S. 415).

Ein erster Prosaversuch des Zwanzigjährigen blieb unvollendet. Nach 250 Seiten brach Peter Stamm ein Romanmanuskript mit dem Titel »Akt« ab. Der Titel dieses Schreibprojekts ist aufschlussreich. Nach eigenen Worten unterscheidet der Autor damit den »malerischen« Akt, die Nacktheit des Menschen, von dem »theatralischen« Akt, seinen Maskeraden und Rollenspielen. Dieses anschauliche Modell bildet das Grundgerüst seiner Prosawerke. Während der malerische Akt für Entlarvung und Realismus steht, für die »Erweiterung des Möglichkeitssinns« (van Hoorn, S. 8), kommt es im theatralischen Akt auf Ironie und Illusionismus, auf das Spiel mit Fakten und Fiktionen an.

In den späten 1980er- und in den 1990er-Jahren arbeitete Stamm als Journalist. Er verfasste lange Reportagen und Texte zu einem Bildband über die Schweiz (*Gotthard. Die steinerne Seele der Schweiz*, 1997); ein zweiter, mit Emil Zopfie, Peter Krebs und Benedikt Loderer publizierter Band folgte 2004 (*Die Schweiz von oben*). Als Schweizer Autor profilierte er sich auch mit einer Nacherzählung der 1880/81 erschienenen *Heidi*-Romane von Johanna Spyri (1827–1901), die 2008 mit Illustrationen von Hannes Binder beim Zürcher Verlag Nagel & Kimche erschien. Die Figur der Heidi – einer Vollwaise, die aus Heimweh in die Berge zurückkehrt, dort ihre kranke Freundin heilt und aus dem menschenscheuen Großvater eine »gütige Vaterfigur« macht (Rusterholz/Solbach, S. 155) – gehört zu den populärsten Mythen der Schweizer Literatur. Als Literatur- und Kulturkritiker war Peter Stamm für die *Neue Zürcher Zeitung* und das Schweizer Wochenmagazin *Die Weltwoche* sowie für die Literaturzeitschrift *Entwürfe* tätig; für die satirische Zeitschrift *Nebelspalter* schrieb er Parodien.

So ist Peter Stamm von erfolgloser Prosa, die nicht veröffentlicht wurde, über den Umweg des Journalismus zur erfolgreichen Prosa gekommen. Das merkt man seinen Texten durchaus an. Sie bestehen aus kurzen, einfach gebauten, prägnanten Sätzen, es fehlen schmückende Beiwörter. »Stamms Sprache ist von großer Schlichtheit, die Hauptsätze, kaum unterbrochen durch Einschübe, gehen melodisch ineinander über, mit wenigen Adjektiven koloriert er das Ambiente: Es ist karg, aber geschmackvoll eingerichtet.« (Ulrich Greiner: Im Schnee. In: *Die Zeit*, 30. August 2001) Stamms Dialoge haben oft drehbuchreifen Charakter. Die szenischen Beschreibungen sind konzentriert auf die sichtbaren Details. Der Autor versteht es, mit simplen sprachlichen Mitteln komplizierte Zusammenhänge und psychologische Tiefenstrukturen zu verhüllen. So entsteht eine erzählerische »Lakonie bei klarsten Umrissen« (Kurt Flasch in der *FAZ*, 11. Oktober 2003).

Das kann an der Erzählung »Passion« gezeigt werden. Sie erschien in dem Prosaband *Blitzeis* (1999), öffentlich vorgelesen wurde sie beim Ingeborg-Bachmann-Wettbewerb 1999 in Klagenfurt. »Passion« ist die unspektakuläre Geschichte einer Liebe, die auseinandergeht. Die Motive sind Weltschmerz und Langeweile – ein Hinweis auf das christliche Motiv der Acedia, der Trägheit des Herzens, einer der sieben Todsünden. Zwei Pärchen machen Urlaub in einem italienischen Dorf, es ist Sommer und sehr heiß. Die Erzählung beginnt so:

> Immer wenn ich an Maria denke, fällt mir ein Abend ein, an dem sie für uns gekocht hatte. Wir anderen saßen schon am Tisch im Garten, und Maria stand in der Tür, in den Händen eine flache Schüssel. Ihr Gesicht glühte von der Hitze der Küche, und sie strahlte vor Stolz über ihr Werk. In diesem kurzen Augenblick tat sie mir unglaublich leid und mit ihr die ganze Welt und ich mir selbst, und zugleich liebte ich sie mehr als jemals zuvor. Aber ich sagte nichts, und sie stellte das Essen auf den Tisch, und wir aßen. (*Blitzeis*, S. 66)

In knappen Parataxen wird ein dichtes Erinnerungsbild entworfen, die Figuren werden beobachtend dargestellt, ohne direkte Rede. Sprechend sind Marias Gesicht (es »glühte«) und das widersprüchliche Gefühl des Ich-Erzählers, für den Passion Schmerz und Liebe zugleich bedeutet. Das Ende der Geschichte ist mehrdeutig: Maria ist abgereist, weil sie nicht das erhoffte Zuhause gefunden hat, weder den Herkunftsort ihres italienischen Großvaters, der in die Schweiz ausgewandert war, noch eine Heimat in der Liebe.

Solche Grundmuster durchziehen Peter Stamms Erzählungen. Sie sind in den Bänden *Blitzeis*, *In fremden Gärten* (2003), *Wir fliegen* (2008) und *Seerücken* (2011) gesammelt. Auch die Heldenreise, ein ehrwürdiges literarisches Motiv, ist von diesem Muster geprägt. Wenn Peter Stamms Figuren reisen, dann geht es um das Unterwegssein im geographischen Raum Europas, aber auch um Reisen in die eigene Erinnerung und Psyche. Der Ausbruch aus der Tristesse des alltäglichen Lebens und die Entdeckung der Landschaft der unbekannten eigenen Seele sind wichtige Motive der Romane. Die Protagonistin des Romans *Ungefähre Landschaft* (2001), die Zöllnerin Kathrine, reist eines geliebten Mannes wegen von Norwegen nach Frankreich, findet den seelenverwandten Partner aber nicht dort, sondern in der nächsten Nachbarschaft zu Hause. Die Hauptfigur des Romans *An einem Tag wie diesem* (2006), der Lehrer Andreas, flüchtet vor seinem oberflächlichen Leben und vor einer lebensbedrohlichen Krankheitsdiagnose in seinen Heimatort, um dort eine Kurzaffäre mit seiner Jugendliebe nachzuholen – einem französischen Au-pair-Mädchen, dem er seinerzeit nach Paris nachgereist ist, wo er als Lehrer hängenblieb, während sie einen seiner Freunde heiratete und in die Schweiz zog. Der Ich-Erzähler in *Sieben Jahre* (2009) schließlich ist hin- und hergerissen zwischen seiner schönen und erfolgreichen Frau und der unscheinbaren, demütigen

Polin Iwona. Sandra Kegel schrieb in ihrer Rezension des Romans: »Was recht harmlos als schlichte Dreiecksgeschichte beginnt – ein verheirateter Mann hat eine Geliebte, von der er nicht loskommt –, gerät durch den intimen Blick des Autors in die Innenwelten zur fesselnden Durchdringung nicht nur dreier miteinander verschnürter Biographien, sondern des Ringens um Liebe und Glück überhaupt. Dabei kommt Stamm den Zweifeln, Ängsten und Lebenslügen seiner Figuren so beklemmend nah, dass es beim Lesen schmerzt.« (*FAZ*, 8. August 2009)

Da Peter Stamm selbst ein vielreisender Schriftsteller ist, liegt die Frage nahe, ob und wie stark die Geschichten in seinem Prosawerk auf selbsterlebte Begebenheiten zurückgehen. Natürlich gibt es – wie in jedem gelungenen literarischen Werk – ein autobiographisches Fundament, aus dem eine Werkidee, ein Handlungsstrang oder ein Motiv hervorgehen kann. Aber es wäre ein Irrtum, die Fiktionen auf bloße Fakten zu reduzieren. Peter Stamm hat dazu gesagt: »Meine Texte sind Teil meines Lebens, nicht weil ich sie erlebt habe, sondern weil ich sie geschrieben habe. Das heißt, sie sind persönlich, aber nicht autobiographisch.« (KI, 406)

2 Zeitgeschichtlicher Hintergrund

»Postmoderne« ist ein Zauberwort, ein »Passepartoutbegriff« (Umberto Eco: *Nachschrift zum »Namen der Rose«*. Deutsch von Burkhart Kroeber. München und Wien: Carl Hanser Verlag 1984, S. 77), der vieles bedeuten kann, jedoch keinen trennscharfen Inhalt hat. So kursiert der Begriff »Postmoderne« gemeinhin unter dem Schlagwort der Beliebigkeit, des »anything goes«. Gemeint ist damit eine radikale Pluralität von Formen, Stilweisen, Genres und Themen, die häufig in einem einzigen postmodernen Werk zusammenlaufen.

Erstmals belegt ist der Begriff »Postmoderne« 1917 in Rudolf Pannwitz' Studie über *Die Krisis der europäischen Kultur.* Er umfasst demgemäß das Bewusstsein einer Krise (nämlich der Moderne) und zugleich den Versuch ihrer Überwindung (in der fortwährenden Erklärung, dass die Moderne am Ende sei). In diesem postmodernen Sinne stellte der amerikanische Literaturwissenschaftler Leslie Fiedler 1968 seinen Freiburger Vortrag unter den programmatischen Titel »Cross the Border – Close the Gap«. Die Grenze, die zu überschreiten, und der Abgrund, der zu überbrücken war, liegen vor allem zwischen der sogenannten E- und der U-Kultur, also der Hochkultur für die Elite auf der einen und der kulturellen Unterhaltungsindustrie auf der anderen Seite. Von daher darf man sich nicht wundern, dass Fiedlers Vortrag zuerst in der konservativen Zeitschrift *Christ und Welt* (15. September 1968), dann aber auch in Hugh Hefners Magazin *Playboy* (Heft 12, 1969) abgedruckt wurde. Fiedler wirbt für eine »andere Zeit«, die er als »apokalyptisch, antirational, offen romantisch und sentimental« bezeichnet; eine »Zeit freudloser Misologie [Vernunftfeindschaft] und prophetischer Verantwortungslosigkeit« (Leslie A. Fiedler: Überquert die Grenze, schließt den Graben! Über die Postmoderne. In: *Roman oder Leben. Postmoderne in der deutschen Literatur.* Herausgegeben von Uwe Wittstock. Leipzig: Reclam Verlag 1994, S. 15).

Über die Kultur- und Architektur-Debatten der 1960er- und 1970er-Jahre wanderte der Begriff »Postmoderne« um 1980 in die Literaturwissenschaft ein. Als Gründungswerk der postmodernen Literatur gilt der Roman *Der Name der Rose* (1980, deutsch 1982) des 1932 geborenen italienischen Semiotikers (Zeichentheoretikers) und Schriftstellers Umberto Eco. Dieses theologische Mittelalter-Epos kann mit jeweils gleichem Recht als spannender Kriminalroman, als komplexer historischer Roman oder als tiefgründige philosophische Geschichte gelesen werden. Alle diese Lesarten stehen gleichberechtigt nebeneinander und werden vom Autor selbst in seiner *Nachschrift zum »Namen der Rose«* (die italienische Erstausgabe erschien 1983) souverän kommentiert.

Wichtig für den Begriff der Postmoderne ist die Dimension der Zeit. Darauf deutet bereits das Präfix »post«. Das Verhältnis der Gegenwart zur belastend erfahrenen Vergangenheit und zur bedrohlichen und unsicheren Zukunft wird neu bestimmt. Im Bereich der Literatur wird aus dem geschlossenen Erfahrungsraum der Vergangenheit der offene Erzählraum der Fiktion, der Erwartungshorizont der Zukunft verschiebt sich beständig. Weitere Merkmale postmodernen Erzählens sind die Montage und Collage (das heißt die Komposition eines Kunstwerks aus bereits vorhandenem Material), »Rekonstruktion und Fiktionalität« (Kopp-Marx, S. 33), also die Betonung der Tatsache, dass die Romanwelt aus Versatzstücken anderer Texte kunstvoll (bei schlechten Romanen auch: künstlich) zusammengesetzt und erfunden ist. Erfolgreiche postmoderne Romane in diesem Sinne haben Patrick Süskind (geboren 1949) mit *Das Parfum* (1985) und Christoph Ransmayr (geboren 1954) mit *Die Letzte Welt* (1988) geschrieben, die beide nach dem Vorbild Ecos spielerisch das Genre des historischen Romans aufgreifen. Auch die ersten Kurzgeschichtenbände von Ingo Schulze (geboren 1962) und Judith Hermann (geboren 1970), *Simple Storys* und *Sommerhaus, später* (beide 1998), weisen Eigenschaften postmoderner Erzählkunst auf, vor allem den Minimalismus von Sprache und Stil, der ein Maximum an Deutungswegen zulässt. Diese Geschichten sind – wie die Erzählungen von Peter Stamm – ersichtlich von den in den Siebziger- und Achtzigerjahren erschienenen Short Storys des amerikanischen Autors Raymond Carver (1938 bis 1988) beeinflusst, deren deutsche Übersetzungen (zum Beispiel in den Bänden *Würdest du bitte endlich still sein, bitte* und

Wovon wir reden, wenn wir von Liebe reden, beide 2000) einen großen Erfolg bei der Kritik und beim Publikum hatten.

Umberto Eco hat die Postmoderne weder als Krisenphänomen noch als eine Spätzeit bestimmt, sondern als eine künstlerische Haltung. Kennzeichnend für die Haltung des postmodernen Autors sei eine »Ironie, ohne Unschuld« (Eco, S. 78). Umberto Eco erläutert das an einem eingängigen Beispiel.

Die postmoderne Haltung erscheint mir wie die eines Mannes, der eine kluge und sehr belesene Frau liebt und daher weiß, daß er ihr nicht sagen kann: »Ich liebe dich inniglich«, weil er weiß, daß sie weiß (und daß sie weiß, daß er weiß), daß genau diese Worte schon, sagen wir, von Liala geschrieben worden sind. Es gibt jedoch eine Lösung. Er kann ihr sagen: »Wie jetzt Liala sagen würde: Ich liebe dich inniglich.« In diesem Moment, nachdem er die falsche Unschuld vermieden hat, nachdem er klar zum Ausdruck gebracht hat, daß man nicht mehr unschuldig reden kann, hat er gleichwohl der Frau gesagt, was er ihr sagen wollte, nämlich daß er sie liebe, aber daß er sie in einer Zeit der verlorenen Unschuld liebe. Wenn sie das Spiel mitmacht, hat sie in gleicher Weise eine Liebeserklärung entgegengenommen. Keiner der beiden Gesprächspartner braucht sich naiv zu fühlen, beide akzeptieren die Herausforderung der Vergangenheit, des längst schon Gesagten, das man nicht einfach wegwischen kann, beide spielen bewußt und mit Vergnügen das Spiel der Ironie ... Aber beiden ist es gelungen, noch einmal von Liebe zu reden.

Umberto Eco, Nachschrift zum »Namen der Rose« [vgl. S. 13], S. 78 f.

Dieses ironische Spiel mit der sprachlichen Konvention und dem Text-Zitat ist auch in Peter Stamms Werken zu beobachten. Das ist besonders auffällig, wenn es um Liebesgeständnisse geht. In *Agnes* findet der Erzähler die Worte »Ich liebe dich« ungenügend, weiß aber nicht, wie er sonst »das Gefühl beschreiben sollte« (S. 60). – Sonja, eine der beiden weiblichen Hauptfiguren in dem Roman *Sieben Jahre* (2009), ist »schön und gescheit«, sie hat »Charme und eine natürliche Sicherheit« (SJ, S. 33). Aber diese Perfektion schüchtert den Erzähler ein. Den naheliegenden Gedanken, sich in Sonja zu verlieben, schiebt er anfangs beiseite. Einmal macht er eine zwei Freunde einbeziehende ›Anspielung‹:

> Das wäre doch ideal, sagte ich, wenn Alice mit Rüdiger ginge und wir zwei miteinander. Stell dir das vor!, sagte Sonja lachend. Sie hatte recht. Ich konnte sie mir nicht als meine Freundin vorstellen, nicht im Bett, noch nicht einmal nackt. Sie war sehr schön, aber sie hatte etwas Unnahbares. [...] Ich möchte mal erleben, dass du dich richtig verliebst, sagte ich, so dass es weh tut. Sie lachte. Ich sei gerade der Richtige, das zu sagen. (SJ, S. 32)

Das Gespräch über Liebe beginnt im Konjunktiv II, dem Irrealis, im Modus von Wille und Vorstellung. Der Abstand der Wirklichkeit zu dem unerreichbaren Ideal erzeugt einen ironischen Effekt, erkennbar in Sonjas Lachen. Beide wissen genau, worüber sie sprechen, auch und gerade wenn sie das Gegenteil von dem sagen, was sie denken. Diese Ironie, die nicht unschuldig, sondern sich ihrer Wirkungen sehr bewusst ist, ist ein Merkmal von Stamms postmodernem Erzählen.

Doch dieses Erzählen ist kein Selbstzweck. Sonjas Antipodin in *Sieben Jahre* ist die Polin Iwona, eine Frau, die als »vollkommen reizlos«, als ärmlich, ja als hässlich beschrieben wird (SJ, S. 17). An ihr prallt das Ironieverlangen des Erzählers ab. Iwona personifiziert einen Ernstfall der Liebe: die Frage, ob das Geliebtwerden ohne rechte Gegenliebe ein Glück oder eine Zumutung ist. Eine so zentrale Liebesfrage fällt nicht aus einem postmodernen Himmel. Sie gehört zum Inventar des Romans der Moderne, der sich auf traditionelle realistische Erzählmuster bezieht. Das kommt auch in dem Titel des Romans zum Ausdruck: *Sieben Jahre* ist eine Anspielung auf die jeweils sieben Jahre, die Jakob, der Stammvater des Volkes Israel – in der biblischen Geschichte –, um die schöne Rahel und um deren unscheinbare Schwester Lea diente (Genesis 29, 15–30).

Immer wieder setzt Peter Stamm seine Erzählfiguren der postmodernen Kondition aus: Liebe und Glück sind nicht mehr Erwartungen im festen Blick auf ein Ziel, sondern Gegenstand ironischen Spiels oder kühler Reflexion. Aber diese Ironie wird immer dann gebrochen, wenn sich die Figuren in einer emotionalen Notlage befinden. Sie müssen in der Vielzahl unterschiedlicher Handlungsoptionen eine individuelle Entscheidung treffen, etwa die Entscheidung zwischen Bleiben und Aufbruch (so die Hauptfigur Kathrine in dem Roman *Ungefähre Landschaft*); oder zwischen Aussprechen und Schweigen; oder zwischen zwei Frauen. In der Titelerzählung des 1999 erschienenen Bandes *Blitzeis* interviewt der Ich-Erzähler, ein Journalist, eine tuberkulosekranke, liebessehnsüchtige Frau und lernt dabei eine Krankenschwester kennen, die seine Annäherungen jedoch brüsk ablehnt. Beide Frauen lässt der Erzähler am Ende abblitzen, weil er sich nicht »zum Zeugen« (*Blitzeis*, S. 136) eines fremden Lebens machen will. Peter Stamms Romane und Erzählungen sind in diesem Sinne postmodern und modern zugleich. Postmodern ist die Ausgangssituation radikaler Pluralität, modern ist der Lösungsweg einer individuellen Entscheidung. So setzt Stamm seine Figuren der Krise postmodernen Erzählens aus. Das kommt besonders in den Situationen zum Ausdruck, in denen Stamms Figuren sich schämen oder weinen. Solche Gefühle ohne Sprache beschreibt der Roman *Agnes* schon im sechsten und achten Kapitel, als sich zunächst der Erzähler und dann Agnes schämt, als sie jeweils dem anderen ihre literarischen Versuche zeigen.

3 Entstehungsgeschichte

Novelle, Hörspiel und Roman

Agnes ist ein multimediales Projekt. Es gibt neben dem Roman ein Hörspiel, ein Theaterstück (das am 22. September 2011 in der Regie von Alexander Riemenschneider in Prag uraufgeführt worden ist) und ein Drehbuch. Die erste »Idee zu Agnes« hatte Stamm, als

> ich vor einem Mietshaus in Kopenhagen stand, in dem meine damalige Freundin wohnte. Ich war vor das Haus gegangen, um eine Zigarette zu rauchen. Eine der Quellen für diese Idee war ein Ausflug, den ich einige Monate früher mit meiner damaligen Freundin gemacht hatte. Wir saßen am Ufer der Saane in Fribourg, und als ich meine Freundin anschaute, war es mir plötzlich, als erkenne ich sie nicht. Das Phänomen, dass man vorübergehend sein eigenes Gesicht oder jenes von nahestehenden Menschen nicht erkennt, ist in der Psychologie wohlbekannt und bei Müdigkeit oder Stress relativ verbreitet. Das Besondere an jenem Tag war, dass ich den Eindruck hatte, meine Freundin zum ersten Mal wirklich zu sehen und nicht nur das Bild, das ich mir von ihr gemacht hatte. Es war ein sehr beglückendes Gefühl. (Mail an den Verfasser vom 30. Dezember 2011)

Dieses Glücksgefühl wird im elften Kapitel von *Agnes* literarisch verdichtet: »Ich schaute sie an und erkannte sie nicht. [...] Das ganze Gesicht schien mir fremd, unheimlich, und doch war es mir, als sähe ich es wirklicher als jemals zuvor, unmittelbar.« (S. 58 f.)

Die erste erhalten gebliebene Notiz zu *Agnes* stammt »vom 12. 2. 93« (Mail Peter Stamms an den Verfasser vom 30. Dezember 2011). Ferner erinnert sich der Autor: »im november 92, also kurz vor der ersten agnes-notiz, verbrachte ich während eines dreimonatigen new york-aufenthaltes eine woche bei freunden in chicago. diese wohnten übrigens im doral plaza, wo auch mein erzähler wohnt.« (Mail vom 16. Januar 2012)

Zwischen Mitte Februar und Mitte April 1993 entstand ein achtzigseitiger Novellentext mit dem Titel »Agnes«, der unveröffentlicht blieb (vgl. Pütz, S. 64). Stamm schickte diese Novelle zusammen mit anderen Texten unter dem Titel »Agnes – Geschichten aus der Neuen Welt« an verschiedene Verlage. Doch er erhielt »lauter Absagen«. (Einige der Geschichten erschienen später in Stamms erstem Erzählband *Blitzeis*.)

Danach, so Peter Stamm in der Auskunft an den Verfasser, »blieb der Text lange liegen, da ich ab Ende 93 vermehrt journalistisch zu arbeiten begann (vor allem für den *Nebelspalter*). Einige Jahre habe ich vollamtlich aber immer frei als Journalist gearbeitet. Ende 95 hörte ich – nach einem Wechsel des Chefredakteurs – auf, für den *Nebelspalter* zu arbeiten, und hatte wieder mehr Zeit für meine Literatur.«

Zwischenzeitlich verarbeitete Stamm die Geschichte zu einem Hörspiel. Das *Agnes*-Hörspiel schickte er im April 1997 an Radio Bremen. Es wurde am 1. September 1998 unter der Regie von Holger Rink gesendet. Die 45-minütige Sendung umfasst 92 Szenen. Gegenüber dem späteren Roman ist das unpublizierte Hörspiel-Manuskript »inhaltlich radikalisiert« (Schmid, S. 77); Louise ist keine mitspielende Figur in der Hörspielhandlung, sondern eine Kopfgeburt des Erzählers.

Im Frühjahr 1997 hatte Peter Stamm das *Agnes*-Manuskript erweitert und aus der Novelle um des besseren Verkaufs wil-

Der 1974 nach vierjähriger Bauzeit fertiggestellte Sears Tower (seit 2009: Willis Tower) ist das Wahrzeichen des heutigen Chicago und mit 108 Stockwerken und einer Gesamthöhe von 527 Metern (mit Antennen) der höchste Wolkenkratzer in den USA und eines der höchsten Gebäude der Welt.

len und im Bewusstsein, »dass die Geschichte für mehr als 80 Seiten taugte«, einen »Roman« gemacht. »Die Ur-Agnes ist aber nicht grundsätzlich anders als der Roman, wurde einfach ergänzt« (Mail an den Verfasser vom 30. Dezember 2011). Er sandte das Romanmanuskript an Verlage. Im Januar 1998, so der Autor, entstand während einer Geburtstagsfeier der Kontakt zur Agentur Liepman in Zürich, die schließlich mit Arche einen renommierten Zürcher Verlag für *Agnes* fand. Dieser brachte den Roman im Spätsommer 1998 heraus.

Das Drehbuch zum nicht realisierten »Agnes«-Film

Während Peter Stamm an dem Romanmanuskript arbeitete, entstand 1997 ein »erster Text für den Film« (Schmid, S. 77). »Für den Film« heißt: Die im Roman erzählten Szenen mussten im Drehbuch so zurechtgeschnitten werden, dass sie in bewegte audiovisuelle Bilder verwandelt werden konnten.

Das war einfach und schwer zugleich. Einfach, weil die zahlreichen knappen Dialoge zwischen Agnes und Walter (so heißt der Erzähler im Drehbuch) ohnehin filmreifen Zuschnitt hatten. Schwer, weil der Drehbuchautor den Unterschied zwischen der realen und der erfundenen Liebesgeschichte kenntlich machen musste. Peter Stamm hat dieses Problem mit einer unsichtbaren Erzählerstimme (*Voice Over*) gelöst und mit Einstellungen der Kamera, die die Lügenhaftigkeit der erfundenen Szenen verdeutlichen, indem zum Beispiel ein leerer Kinderwagen gezeigt wird. Peter Stamms Formel für die Umwandlung des Romans in ein Drehbuch lautet einer Notiz vom 11. April 1997 zufolge: »Unterscheidung der zwei Ebenen nur durch akustischen Raum oder Kameraeinstellung« (zitiert nach Schmid, S. 77).

Das Grundgerüst der Romanhandlung wurde beibehalten, aber dem Charakter der Filmsprache angepasst: So wurde

> die geheimnisvolle Kunstfigur Agnes vitalisiert, gleichsam ›geerdet‹ und mit toughness ausgestattet. Sie geht jetzt gerne zu Baseballmatches. Ein Gegenspieler des neu auf Walter getauften Ich-Erzählers sorgt für Action und Spannung. Statt des typischen Stamm'schen Stils des ungefähren Skizzierens und seiner Aussparungstechnik gibt es klare Biographien, pointierte Dialoge und die Motiviertheit des Geschehens. Das visuelle Denken beschreibt neue Handlungsorte. Eine große Qualität liegt in der szenischen Komposition mit subjektiver Perspektive (voice-over), die die erzählerischen Ebenen von Imagination und Wirklichkeit virtuos miteinander verknüpft und ineinander auflöst. Das suggestive Bildmedium wird hier den Zuschauer herausfordern. (Birgit Schmid: Grenzgängertext Drehbuch. »Agnes« von Peter Stamm – ein Fallbeispiel. In: *Neue Zürcher Zeitung*, 3. Januar 2003)

Im Herbst 1999 wurde der Autor vom ZDF eingeladen, an dem von der ›aspekte‹-Redaktion initiierten Internetprogramm »novel in progress« teilzunehmen. Ziel des Projektes war, Internetbenutzern die Einsicht in ein entstehendes Romanwerk und ein begrenztes Mitspracherecht bei der Fortentwicklung der Handlung zu ermöglichen (mitwirkende Autoren waren Joseph von Westphalen mit dem Roman *Lametta Lasziv*, 1996, Ilija Trojanow mit dem Roman *autopol*, 1997, sowie Matthias Politycki mit dem Roman *Ein Mann von vierzig Jahren*, 1999). Stamm jedoch schlug dem Programmverantwortlichen Gerald Gieseke 2001 vor, statt des Romans ein Drehbuch im Netz zu entwickeln. »Im Internet könnten neben dem entstehenden Drehbuch wie geplant ein Arbeitsbericht in Briefform und eine Materialsammlung stehen. [...] Und schließlich wäre es möglich, filmtheoretische Diskussionen zu führen, ein Casting könnte gemacht, Schauplätze könnten gesucht werden« (Peter Stamm: Eine geniale Idee, zitiert auf der Homepage www.peterstamm.ch). Was Stamm vorschwebte, war ein »Dogma-Film« im Sinne der dänischen Filmbewegung, die auf Dokumentarismus und Purismus setzte statt auf Kunstfertigkeit des Kamerastils.

»So entstanden die ersten Texte zum *Agnes*-Drehbuch eigentlich als Basis für die interaktive Stoffentwicklung im Netz« (Schmid, S. 78). Stamm übernahm jedoch Figurenskizzen, eine einseitige Inhaltssynopse und eine sechsseitige Storyline (eine Skizze der Handlungsdramaturgie) für das Treatment. Dieses 22-seitige Treatment (eine längere Zusammenfassung der Handlung, noch ohne ausgearbeitete Szenenfolge) diente als Grundlage für die Zusammenarbeit mit dem Produzenten und Regisseur Samir (1955 in Bagdad geboren), der die 1987 gegründete Schweizer Filmproduktionsgesellschaft ›Dschoint Ventschr‹ mitleitet. Im Verlauf der weiteren Arbeit verfasste Stamm »mindestens vier Skripts der *Agnes*-

Geschichte« und eine Schlussfassung (Schmid, S. 79). Diese Skripts sind an das übliche Drehbuchformat mit Szenenüberschrift, Regieanweisungen und Figurendialogen angepasst.

Bald jedoch verlor der Autor das Interesse an dem für ihn unbezahlten und »netzinkompatiblen« Schreibprojekt. Bis heute ist aus dem Filmprojekt nichts geworden. Samirs Werbungen bei ›Dschoint Ventschr‹ verbundenen Produzenten blieben ohne Erfolg. Ende 2001 entstand über den Kontakt mit der in Los Angeles lebenden Schweizer Produzentin Madelaine Schnell der Plan, den Film in Toronto zu drehen, was das Budget von den ursprünglich veranschlagten 2,5 Millionen Euro auf fünf bis sechs Millionen erhöht hätte. Auch dieser Plan konnte nicht realisiert werden, wie Birgit Schmid resümiert; der letzte geplante, aber nicht stattgefundene Drehbeginn war 2005.

II Inhaltsangabe

Erinnerungsrahmen (Kapitel 1 und 36)

Der Ich-Erzähler schaut sich in seiner abgedunkelten Wohnung im 27. Stock des Doral Plaza – eines Hochhauses in der nordamerikanischen Metropole Chicago – auf seinem Fernsehbildschirm einen privaten Videofilm an. Gedreht hat den Film seine Freundin Agnes. Sie hat »für kurze Zeit« mit ihm in dieser Wohnung zusammengelebt. Nun ist sie »tot«. Das ist nicht unbedingt im wörtlichen Sinne gemeint, denn der Erzähler spricht wenig später vieldeutig davon, Agnes sei »gegangen« (S. 9) beziehungsweise »weggegangen« (S. 11), und der zweite Satz lautet: »Eine Geschichte hat sie getötet.« Diese Geschichte begann nach den Worten des Erzählers mit der ersten Begegnung »vor neun Monaten« (S. 9). Damals war es kalt, genau so wie in der Gegenwartshandlung. Der Hinweis auf die amerikanischen Präsidentschaftswahlen (vgl. S. 21) zeigt, dass die Geschichte 1988, 1992 oder 1996 spielt. Von Agnes gibt der Erzähler lediglich preis, was sie nicht mag und wovor sie Angst hat. Diese Angst sei am Ende »so groß« gewesen, dass Agnes nicht mehr darüber habe sprechen wollen (S. 12). Dafür wird ausführlich von den Szenen des Videofilms erzählt, den sich der Erzähler ohne Ton anschaut. Sie sind am Columbus Day (dem zweiten Montag im Oktober, der an die Landung von Christopher Columbus in der Neuen Welt am 12. Oktober 1492 erinnert) gedreht worden, als sich das Paar zu einer Wanderung in den Hoosier Nationalpark im Bundesstaat Indiana aufgemacht hat (Kap. 1).

Im letzten Kapitel (Kap. 36) schaut sich der Erzähler die Szenen der Rückfahrt von dem Ausflug an, die Agnes »von der Rückbank aus« gefilmt hat: Er sieht sich selbst am Steuer des Autos, wie er »lächelnd« den Kopf nach hinten zu Agnes dreht (S. 153).

1: Geschichten vom Anfang der Liebe (Kapitel 2 bis 6)
Die erinnerte Zeit beginnt im April. Der Erzähler sitzt in der Öffentlichen Bibliothek in Chicago, vor sich alte Bände der *Chicago Tribune*, der 1847 begründeten überregionalen, konservativen Tageszeitung. Eigentlich ist er hier, um an einem Buch über amerikanische Luxuseisenbahnwagen zu arbeiten. Doch er verliert sich auf Seitenwegen, die mit seinem Buchprojekt wenig zu tun haben. Seine Neugier richtet sich auf die politischen Kommentare über den Pullman-Streik: 1894 protestierten Arbeiter gegen die diktatorische Lohnpolitik von George Mortimer Pullman, dem seinerzeit größten amerikanischen Schlafwagenbauer und – wie man später erfährt (vgl. Kap. 23) – Visionär einer von ihm subventionierten, aber zugleich rundum kontrollierten Arbeiterstadt. Agnes fällt ihm nicht wegen ihres Äußeren auf, das er als »schlank und nicht sehr groß« wahrnimmt; als sie sich im fast vollbesetzten Lesesaal auf einen freien Platz ihm gegenüber setzt, sieht er sich von ihrem »außergewöhnlich[en]« Blick (S. 14) kurz getroffen. Sie richtet ihren Arbeitsplatz funktional her (mit Schreibblock, Stiften, Radiergummi, Taschenrechner und Büchern). Der Erzähler folgt Agnes, als sie den Lesesaal verlässt, bekommt sie aber nicht mehr zu sehen. Er setzt sich auf die Freitreppe vor der Bibliothek, um eine Zigarette zu rauchen. Gerade als er beschließt, nach Hause zu gehen, erscheint Agnes. Sie setzt sich »kaum einen Meter entfernt« neben ihn, verschüttet dabei etwas Kaffee aus ihrem Pappbecher, holt eine Schachtel Zigaretten aus der Tasche und kramt nach einem Feuerzeug. Der Erzähler gibt ihr Feuer. Ein Gespräch über belanglose Fragen schließt sich an: »die Bibliothek, die Stadt, das Wetter«. Dann nennt sie ihren Namen, der ihm seltsam vorkommt; von ihm erfährt der Leser keinen Namen, wohl aber, dass er sich nach »einige[n] gescheiterte[n] Beziehungen« inzwischen mit dem »Alleinsein abgefunden« (S. 15) habe (Kap. 2).

»Ich folgte ihr, ohne recht zu wissen weshalb. Als ich in die Eingangshalle kam, war sie nicht mehr zu sehen.« (S. 14)

Am Tag darauf wiederholt sich das Ritual: Kaffeetrinken, Rauchen, Gespräch auf der Treppe. Agnes erzählt von einem Freund, Herbert, der ein »seltsames Erlebnis« gehabt habe (S. 18): Eine Frau, die er nie zuvor gesehen hatte, aber dennoch zu kennen glaubte, sei in einem Café auf ihn zugekommen und habe ihn auf den Mund geküsst. – Am dritten Tag lädt der Erzähler Agnes in einen etwas heruntergekommenen Coffee Shop gegenüber der Bibliothek ein. Dort diskutieren sie über Kunst und Politik, die anstehenden Präsidentschaftswahlen im Herbst und die Verantwortung der Wissenschaft. Gegenüber diesen ernsten Themen sind die persönlichen Informationen, die sie untereinander austauschen, dürr und unzusammenhängend. Der Erzähler erfährt von ihr, dass sie 25 Jahre alt ist, an einer Dissertation über die »Symmetrien der Symmetriegruppen von Kristallgittern« schreibt (S. 20), am Mathematischen Institut der Universität Chicago als Teilzeit-Assistentin arbeitet, Cello in einem Quartett spielt, Malerei und Gedichte liebt, in einem Außenviertel der Stadt wohnt und wenig Freunde hat. Ihre Eltern sind nach der Pensionierung des Vaters nach Florida gezogen. Seine Information, dass er schreibe, weckt bei ihr kein Interesse. Der Erzähler ist darüber aber nicht unglücklich, weil er nicht gerade stolz auf seine Sachbücher über Zigarren oder die Geschichte des Fahrrads ist (Kap. 3).

Ein paar Wochen lang wiederholen sich die Begegnungen in der Bibliothek. Dann lädt der Erzähler Agnes zum Abendessen in ein kleines Restaurant nahe der Universität ein. Als er dort eintrifft, sieht er auf dem Gehsteig eine Frau liegen, die offenbar tot ist. Er fühlt vergeblich ihren Puls und ruft den Notfalldienst an. Als der Ambulanzwagen eintrifft, kommt Agnes an, und beide gehen ins Restaurant, ohne über den Todesfall zu sprechen. Ihr Gespräch wendet sich – nach dem Ende der Mahlzeit – der persönlichen Einstellung zum Tod zu. Während der Erzähler die stoische These vertritt, dass man »im Tod zur Ruhe« komme, gesteht Agnes ihre Angst vor dem Tod, mit dem »alles zu Ende« sei (S. 24). Zwischen den Positionen gibt es keine Annäherung, das Gespräch endet im Schweigen, der Erzähler erinnert sich an ein Gedicht des amerikanischen Lyrikers Robert Frost (1874–1963), nicht aber an dessen einzelne Verse (Kap. 4).

Nach dem Restaurantbesuch geht das Paar in die Wohnung des Erzählers und hat zum ersten Mal miteinander Sex – für Agnes ist es das erste Mal überhaupt. Mitten in der Nacht erwacht der Erzähler und sieht Agnes nackt an einem geöffneten kleinen Kippfenster stehen, ihre Hand durch den Spalt nach draußen gezwängt. Agnes erzählt von ihrer Sonntagsschullehrerin, die einen Klumpfuß hatte, aber mit ihrem Gottvertrauen für das Kind ein Vorbild war. Gleichzeitig habe sie sich gefragt, wie Gott die Behinderung der Frau zulassen könne, wenn er sie liebe (Kap. 5).

»Stonehenge«, entstanden vermutlich zwischen 3000 und 2000 vor Christus, gehört seit 1986 zum Weltkulturerbe.

Am folgenden Tag erwachen beide spät. Agnes bleibt zum Frühstück. Er berichtet ihr von seinen abgebrochenen literarischen Versuchen und rechtfertigt sich damit, dass es ihm nie gelungen sei, seine Stoffe zu beherrschen. Auf dem gemeinsamen Weg zur Bibliothek unterhalten sie sich über die aus der Jungsteinzeit stammende Anlage Stonehenge in Südengland. Sie wird zum Anlass für ein kontroverses Gespräch über das menschliche Verlangen, Spuren zu hinterlassen. Agnes erzählt ihre dritte Geschichte (nach der über Herbert und der über ihre Lehrerin): Bei einem Pfadfinderausflug hatte sie den Tod einer Mitschülerin erlebt, aber als Einzige keine Trauer gezeigt, was die anderen erboste (Kap. 6).

Erste Zäsur: Bahnfahrt nach New York (Kapitel 7)
Die Beziehung mit Agnes wird durch eine Forschungsreise des Erzählers nach New York ein erstes Mal unterbrochen. Im Nachtzug sitzt er neben einer dicken Frau. Sie ist ihm

unsympathisch. Gleichwohl linst er, während sie schläft, in ihre Reiselektüre, ein Buch mit dem Titel *What Good Girls Don't Do*. Die Frau erwacht und erklärt, dass sie zu ihrem »Liebsten« reise (S. 35), einem Algerier namens Paco, den sie über eine Partnerschaftsvermittlung kennengelernt, aber noch nie gesehen habe. Vertrauensselig gibt sie ihm einen Brief Pacos zu lesen, den er ihr jedoch, nach einem flüchtigen Blick darauf, schnell und desinteressiert zurückgibt.

2.1: Die fiktive Agnes-Geschichte beginnt und holt die Gegenwart ein (Kapitel 8 bis 11/1)

Am Tag seiner Rückkehr, es ist Sonntag, lädt Agnes den Erzähler zum Mittagessen ein. Während Agnes das Essen vorbereitet, sieht er sich in ihrer Wohnung um. Ihm fällt die spärliche Einrichtung auf. An Büchern sieht er nur Fachliteratur und die amerikanische Gedichtanthologie *The Norton Anthology of Poetry*, die berühmteste ihrer Art. (Die Anthologie ist 1970 in erster und 1989 in zweiter Auflage erschienen; es ist offenbar diese Ausgabe, die Agnes besitzt – die fünfte, zweibändige Auflage von 2005 enthält 1828 Gedichte von 334 englischsprachigen Dichtern von den Anfängen bis zur Gegenwart.) Außerdem fällt ihm der Druck *Gebirgslandschaft* des expressionistischen Malers und Grafikers Ludwig Kirchner (1880–1938) ins Auge sowie ein Theaterplakat zum 1901 uraufgeführten Einakter *Mörder, Hoffnung der Frauen* von Oskar Kokoschka. Agnes erzählt erneut von ihrem Freund Herbert, den sie 1994 (vgl. S. 40) auf ihrer Diplomfeier kennengelernt hat. Ihr Vater sei damals erbost gewesen, weil Herbert mit ihr geflirtet und lange getanzt habe. Nach dem Essen lässt Agnes den Erzähler an ihrem Computerbildschirm eine von ihr verfasste Kurzgeschichte lesen, die Ich-Erzählung einer Frau, deren Leben vollständig von einem einzigen Mann ausgefüllt ist. Nachdem der Erzähler den Text rasch überflogen hat,

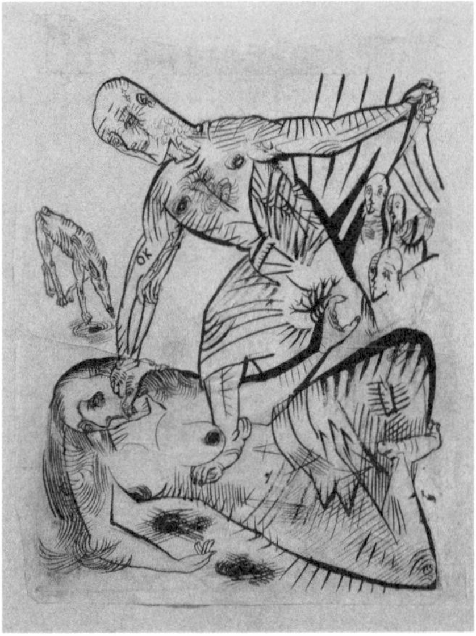

Oskar Kokoschka (1886 bis 1980): »Mörder, Hoffnung der Frauen III« (1909). Feder und Pinsel in Tusche, über Bleistiftvorzeichnung, auf transparentem Papier.

kanzelt er ihn rücksichtslos ab. Agnes löscht die Geschichte und erklärt ihm dann – nach einem gemeinsamen Spaziergang – voller Begeisterung ihre wissenschaftliche Arbeit über die Muster von Kristallgittern. Das Paar bleibt über Nacht zusammen (Kap. 8).

Wenige Tage später, am dritten Juli, dem Vorabend des amerikanischen Unabhängigkeitstages, sprechen sie am Ufer des Michigansees über die literarische Arbeit des Erzählers. Er weiß nicht, ob er aus Mangel an Können oder an Resonanz – sein Buch mit Kurzgeschichten wurde »hundertsiebenundachtzigmal verkauft« (S. 48) – aufgehört hat zu schreiben. Nun wird er von Agnes ermutigt, wieder anzufangen. Sie schlägt ihm vor, eine Geschichte über sie zu schreiben, und zwar eine Liebesgeschichte. Zuerst fürchtet er eine Einschränkung seiner poetischen Freiheit, wenn er über lebende Personen schriebe; bald aber reizt es ihn, auszuprobieren, ob er überhaupt noch Geschichten zu schreiben vermag. Er möchte sich das Feuerwerk ansehen, an dem Agnes nicht interessiert ist. Dennoch notiert er: »*Am Abend des dritten Juli gingen wir auf die Dachterrasse und schauten uns gemeinsam das Feuerwerk an.*« (S. 51) Dann setzt er seinen Vorsatz und, begleitet von Agnes, auch den eben geschriebenen Satz in die Tat um (Kap. 9).

Wieder in der Wohnung, setzt sich Agnes ans Fenster, während er den Anfang der Geschichte aufschreibt. Anschließend liest er Agnes die Erzählung ihrer ersten Begegnung vor. Sie stört sich an der Erwähnung ihres raschen Errötens. Zudem bittet sie ihn, ihre Kindheit in der Erzählung auszusparen (Kap. 10).

Im Verlauf des Weiterschreibens an der Agnes-Geschichte stößt der Erzähler immer wieder auf unterschiedliche Erinnerungen, setzt sich aber meistens mit seiner Version der Ereignisse durch. Auch die Gewichtung der Vorfälle ist unterschiedlich; so schreibt der Erzähler nichts über das Schicksal der toten Frau vor dem Restaurant und lässt auch Herbert aus seiner Geschichte heraus. Agnes registriert das mit Befriedigung, da sie es für ein Zeichen von Eifersucht hält. Im August erreicht die Agnes-Geschichte die Handlungsgegenwart (Kap. 11/1).

Zweite Zäsur: Parkwanderung (Kapitel 11/2)

Anfang September geht das Paar in einem Park wandern. Nach einem Picknick schläft Agnes an einem See ein, der Erzähler betrachtet sie lange und intensiv im Sonnenlicht, fühlt sich ihr nahe, obwohl ihr Gesicht ihm »fremd, unheimlich« vorkommt (S. 59). Als sie erwacht, legt er sich neben sie, umarmt sie und versucht anzudeuten, was er als Nähe zu ihr erlebt hat, als sie schlief. Später gesteht er ihr seine Liebe, kann ihr aber seine Gefühle nicht beschreiben. Es folgt ein schweigsamer Abend.

2.2: Die Fiktion überholt die Realität (Kapitel 12 bis 14)

Seine Liebe zu Agnes schlägt den Erzähler so stark in Bann, dass seine Gedanken nur noch um sie kreisen. Zugleich fallen ihm ihre »kleinen Rituale« (S. 61) bei alltäglichen Situationen, zum Beispiel ihre Ess- oder Lesegewohnheiten, auf. Die fiktiven Ereignisse in seiner Agnes-Geschichte überholen die gemeinsame Realität, der Erzähler plant die Zukunft seiner Freundin »wie ein Vater«, Agnes wird sein »Geschöpf« (S. 62). Seinen Verleger, der auf die Abgabe des Buchmanuskripts drängt, vertröstet er auf Weihnachten (Kap. 12).

In der Realität beginnt er damit, Agnes seinem fiktiven Bild von ihr anzupassen: Er hat in seiner Geschichte einen gemeinsamen *»besondere[n] Tag«* beschrieben (S. 64), den er tatsächlich genauso arrangiert wie in der Agnes-Geschichte. Bei der entscheidenden Frage nach dem Zusammenziehen lässt er sein fiktives Alter Ego für sich selbst sprechen. Agnes stimmt – in der Realität – zu, aber nicht »dankbar« wie in der Geschichte (S. 66). Die Feier des Entschlusses findet dort ganz anders – romantischer mit Champagner und Sternenlicht – als in Wirklichkeit statt: Es regnet, die Sterne sind nicht zu sehen, Agnes erkältet sich auf dem zugigen Dach (Kap. 13).

Es beginnt ein »gleichmäßiges Leben« (S. 68). Trotz der gemeinsamen Wohnung gehen die beiden tagsüber getrennte Wege; sie fährt morgens zur Universität, er nachmittags in die Bibliothek. Seine Arbeit an dem Sachbuch wie auch an der Agnes-Geschichte kommt ins Stocken. Im Art Institute of Chicago suchen sie ein Bild von glücklichen Menschen und bleiben vor Georges Seurats Gemälde *Un dimanche d'été à l'Ile de la Grande Jatte* stehen. Sie identifizieren sich mit unterschiedlichen Figuren auf dieser pointillistisch gemalten Szenerie; Agnes stellt die These auf, dass man Glück »mit Punkten, Unglück mit Strichen« (S. 69) male (Kap. 14).

Dritte Zäsur: Der Ausflug am Columbus Day (Kapitel 15 und 16)

Am Columbus Day – der Feiertag fällt auf einen Montag und bringt somit ein verlängertes Wochenende – schlägt Agnes vor, in einem Nationalpark zu wandern. Am Freitagnachmittag fahren sie los. Agnes filmt mit der von ihrem Professor ausgeliehenen Videokamera schon während der Autofahrt »wahllos aus dem Fenster« (S. 70), dann das Pförtnerhaus und den Parkaufseher, der ihnen eine Broschüre über giftige Pflanzen und wilde Tiere gibt und ihnen den Weg erklärt. Auf dem Gebiet des Parks, so erfahren sie vom Aufseher, hätten früher Bauern gewohnt, die während der Wirtschaftskrise in den 1930er-Jahren das Land verlassen hätten, woraufhin der Staat es zur Wildnis erklärt habe. Nachdem sie das Auto abgestellt haben und lange durch eine bewaldete Gegend gewandert sind, kampieren sie am Ufer eines Sees, mutmaßlich Stunden von der nächsten menschlichen Behausung entfernt. Agnes zündet ein Lagerfeuer an, sie essen gemeinsam. Plötzlich stürzt Agnes, als sie sich im Zelt ihren Schlafsack holen will, der Erzähler findet sie ohnmächtig, mit unnatürlich verrenkten Beinen, kreidebleichem Gesicht und schwachem Puls. In panischer Angst flößt er ihr etwas Wasser ein und schüttelt sie. Agnes kommt wieder zu sich, schiebt die Ohnmacht auf Kreislaufprobleme. Sie sei nicht krank, nur müde. Für den Rest des Abends ist sie wortkarg (Kap. 15).

Am nächsten Morgen setzen sie ihre Wanderung fort. Sie kommen zu einer verlassenen Siedlung mit Ruinen von Holzhäusern, einer zerfallenen Kirche und einem Friedhof mit umgekippten Grabsteinen, den Agnes aus Respekt vor den Toten zu filmen ablehnt. Erneut unterhalten sie sich über die Spuren, die Menschen in der Landschaft zurücklassen. Am Nachmittag des dritten Tages – also am Sonntag – kehren sie nach Chicago zurück (Kap. 16).

3: Krise und Trennung, die Wunschkind-Fiktion (Kapitel 17 bis 21)

Nach einem Spaziergang im Grant Park schreibt der Erzähler an der Agnes-Geschichte fort, während Agnes in der Bibliothek arbeitet. Die in die Zukunft projizierte Szene spielt im Lincoln Park Zoo. Dort macht er ihr einen Heiratsantrag, sie bejaht »*ganz selbstverständlich*« (S. 80). Müde versucht der Erzähler daraufhin, die Geschichte weiterzuspinnen, und gerät in einen inspirationsähnlichen Zustand. Er hat eine Vision von Agnes, die mit ihm in einem engen Treppenhaus steht, seinen Heiratsantrag rigoros ablehnt, vor ihm wegläuft und hinter einer Tür verschwindet. Dort hört er Agnes »ganz nahe flüstern: ›Du bist tot.‹ « (S. 81) Der Erzähler schreibt die Treppenhaus-Szene auf. Er fühlt sich deprimiert (Kap. 17).

Das Paar hat einen Streit. Agnes möchte an Halloween (dem letzten Oktobertag) am traditionellen Umzug der Universität teilnehmen, verkleidet als Elfe. Der Erzähler aber hat nichts für solches Maskentreiben übrig und entschuldigt sich mit seiner Einladung zur Halloween-Party der amerikanischen Bahngesellschaft ›Amtrak‹. Bei der Amtrak-Party lernt er die Frankoamerikanerin Louise kennen, die als Pressemanagerin bei der ›Pullman Leasing‹ (einer Verleih-Firma für Güterwagen) arbeitet. Sie führen ein ironisches Gespräch über den Halloween-Umzug. Als Louise vom Buchprojekt des Erzählers erfährt, lädt sie ihn ins Archiv der Firma ein. Beim Abschied gibt sie ihm ihre Visitenkarte, auf der sie für ihn ihre Privatnummer notiert (Kap. 18).

Auf der Party in der überfüllten Aula haben sich Agnes und der Erzähler verfehlt. Gegen Morgen kommt Agnes betrunken nach Hause. Am Abend des gleichen Tages spricht sie ihn auf ihre gemeinsame Zukunft an. Als sie ihm mitteilt, dass sie schwanger ist, reagiert er abweisend und vorwurfsvoll, ja legt ihr sogar eine Abtreibung nahe. Die reale Schwangerschaft entspricht nicht dem Schicksal, das er seiner fiktiven Agnes-Figur zugedacht hat. Agnes schickt ihn fort (Kap. 19).

Der Erzähler zieht – in Gedanken an verflossene Beziehungen – durch einige Bars. In der Zwischenzeit verlässt Agnes die Wohnung. Am nächsten Abend holt sie – nach einem Anruf bei dem Erzähler, dem sie nicht begegnen möchte – ihre Habseligkeiten ab. Sie kündigt an, zu Herbert nach New York zu gehen, wenn das Kind komme (Kap. 20).

Vergeblich versucht der Erzähler, Kontakt zu Agnes aufzunehmen. Er betrinkt sich in Bars, lässt sein Buchprojekt liegen und verlagert seine Alltagsgeschäfte in die Gegend, in der Agnes wohnt. Louise sucht ihn in der Bibliothek auf und lädt ihn wenig später zu Thanksgiving ein (dem amerikanischen Erntedankfest, das am vierten Donnerstag im November gefeiert wird). Zu Hause löscht der Erzähler den Schluss der Treppenhaus-Szene und erfindet eine neue Version des Schwangerschaftsgeständnisses: Er gesteht nun Agnes seine *»Angst davor, Vater zu werden«*, erklärt jedoch, sie würden *»es schon irgendwie schaffen«* (S. 99) (Kap. 21).

Vierte Zäsur: Affäre mit Louise (Kapitel 22 und 23)

Während des Thanksgiving-Essens bei Louises Eltern im vornehmen Villenviertel Oak Park entspinnt sich eine Unterhaltung über Literatur, mit ironischen Untertönen (Kap. 22). Der Erzähler besucht Louise an ihrem Arbeitsplatz und lässt sich das Firmengelände der Pullman Leasing und das Archiv zeigen. Eine Affäre ohne gegenseitige Liebe beginnt (Kap. 23).

4: Neuanfang mit Heiler-Familie-Fiktion (Kapitel 24 bis 29)

In der fiktiven Agnes-Geschichte erfindet der Erzähler einen glücklichen Start in das junge Familienleben mit der kleinen Tochter Margaret. Von einer Kollegin aus Agnes' Streichquartett erfährt er, dass es Agnes schlecht gehe, entschließt sich aber erst drei Tage später, sie zu besuchen (Kap. 24). Agnes hat eine Fehlgeburt erlitten. Sie gesteht ein, ihn zu vermissen. Der Erzähler entschuldigt sich für seine Reaktion auf ihre Schwangerschaft und erklärt, nun anders darüber zu denken (Kap. 25). Agnes zieht wieder bei ihm ein. Die Geschichte, so ihr Wunsch, solle weitergeschrieben werden, mitsamt der Affäre, die sie gleichgültig zur Kenntnis nimmt, und dem fiktiven Kind. Gemeinsam schreiben sie die glückliche Geschichte mit dem Kind fort (Kap. 26).

Die Geschichte nimmt sie so stark ein, dass sie Kleider und Spielsachen für das erfundene Kind kaufen. Ein Streit entbrennt darüber, ob ein solches Verhalten eine Lüge (so Agnes) oder nur eine harmlose Verlängerung der Fiktion ist. Am Abend wirft Agnes die Kindersachen weg. Gemeinsam löschen sie die zuletzt geschriebenen Teile. Als neue Schreibdevise gilt: »Es muß stimmen.« (S. 119) (Kap. 27). In den folgenden Wochen zieht sich Agnes von dem Erzähler zurück und verlagert ihre Aktivitäten aufs Lesen und Cellospielen, auf ihre Doktorarbeit, auf Sport und auf das Saubermachen der Wohnung (Kap. 28). Zu Heiligabend schenkt ihr der Erzähler einen Ausdruck seiner Geschichte, die »noch keinen Schluß« hat (S. 125). Von ihr bekommt er einen Pullover, von Louise ein Eisenbahnwagen-Modell. Agnes schläft wieder mit ihm und gesteht ihm erneut ihre Liebe (Kap. 29).

Fünfte Zäsur: Der Einfall am See (Kapitel 30)

Agnes hat sich auf der Dachterrasse schwer erkältet. In einem Café hat der Erzähler einen Einfall für die Fortsetzung der Geschichte, die kurz vor Weihnachten stehen geblieben ist. Wie von unsichtbarer Hand geführt, schreibt er diese Version zu Hause auf: Agnes fährt allein in großer Winterkälte nach Willow Springs, einem kleinen Ort nahe Chicago (Kap. 30).

5.1: Suche nach einem guten Ende (Kapitel 31 und 32)
Am nächsten Tag verwirft der Erzähler diese Fassung, speichert sie aber als »Schluß2« ab (S. 135). Er beginnt, »bewußter als sonst«, eine neue Schlussfassung der Agnes-Geschichte zu schreiben: »von einer wunderbaren Woche zwischen Weihnachten und Neujahr« (S. 135), in der die Entfremdung des Paars fehlt und Agnes' Krankheit verharmlost wird (Kap. 31). Dann liest er Agnes, die immer noch krank im Bett liegt, das Ende seiner Geschichte vor. Beide sind, aus unterschiedlichen Gründen, damit nicht zufrieden. Sie führen gereizte Gespräche (Kap. 32).

Sechste Zäsur: Silvester bei Louise (Kapitel 33 und 34)
Auf Louises Silvesterparty verwickelt sich der Erzähler in ein Streitgespräch mit Louises Vater über die Rolle von Geld und Geist beim Pullman-Streik. Er zieht sich mit Louise in ihr Apartment im Elternhaus zurück (Kap. 33) und lässt sich sehr spät in der Nacht direkt hinter seinem Wohnhochhaus absetzen. Dort vertut er sich in der Etage (Kap. 34).

5.2: Scheitern des erhofften guten Endes (Kapitel 35)
Endlich zurück in seiner Wohnung, bemerkt der Erzähler als Erstes, dass sein Computer angeschaltet ist. Als er eine Taste drückt, wird der Bildschirm hell. Der verworfene »Schluß2« der Agnes-Geschichte erscheint. Er liest. Am Ende des Texts geht Agnes in ein Waldstück bei Willow Springs und legt sich *»in den pulvrigen Schnee«* (S. 152).

Als der Erzähler im Schlafzimmer nach Agnes schaut, ist sie nicht mehr da (Kap. 35). Er wartet vergebens auf sie.

Im letzten Kapitel – es ist der Abend des 1. Januar – betrachtet er wie im ersten Kapitel das Video von ihrem gemeinsamen Ausflug (Kap. 36).

III Analyse und Deutung

1 Form

Struktur

Die Anzahl der Kapitel in einem literarischen Text ist oft kein Zufall. Berühmt geworden ist die Zahl 33, die auf Jesu Lebensjahre anspielt: Jeweils aus 33 Gesängen bestehen die drei Teile von Dantes *Göttlicher Komödie*; an diese Zählung lehnt sich auch Hans Magnus Enzensbergers Komödie *Der Untergang der Titanic* (1978) an. Peter Stamms Roman besteht aus 36 Kapiteln. Auch hier gibt es berühmte Vorbilder: Goethes *Wahlverwandtschaften* (1809) und Theodor Fontanes Ehebruch-Roman *Effi Briest* (1895). Die Zahl »36« bietet die Möglichkeit, Wende- und Höhepunkte gleichmäßig anzuordnen. So erfährt der Leser bei Fontane ausgerechnet nach einem Drittel der Handlung von Effis Schwangerschaft (im 12. Kapitel), die einen scheinbaren Glückshöhepunkt darstellt. In der Mitte der Kapitelfolge (17. bis 19. Kapitel) ereignet sich die Katastrophe, der Ehebruch – und damit der Anfang von Effis Ende, deren Untreue im 27. Kapitel, also im Wechsel zum letzten Viertel, durch die Entdeckung der Briefe ihres Liebhabers Crampas auffliegt.

Stamm baut seine Geschichten nicht wie ein Architekt, sondern schreibt die Rohfassungen »meistens einigermaßen unbewußt«. »Beim Überarbeiten« beginnt dann die »Analyse« des Geschriebenen (WP, S. 50). Dabei wird auch die Symmetrie der Form gefunden. Das Rezept für diese Tiefenstruktur der Form verrät Agnes: »Ganz tief in fast allem ist Symmetrie«, sagt sie (S. 44), und sie muss es wissen, untersucht sie doch in ihrer Doktorarbeit die Symmetrien von Kristallgittern. In diesem Sinne sorgt die Kapitelaufteilung für eine Ordnung des Romans. Diese Ordnung ist jedoch nicht für die Figuren, sondern nur für den aufmerksamen Leser zu erkennen. Die Figuren tragen aber unbewusst dazu bei, dass sich diese Ordnung herstellt, indem sie ihr Leben nach den Mustern der Literatur ausrichten. Sie stellen fest, dass ein »gleichmäßiges Leben« (S. 68) sich nicht dazu eignet, beschrieben zu werden. Dem Gleichklang des Alltagslebens fehlt es an Spannung. Deshalb bedarf die Liebesgeschichte unvorhergesehener Ereignisse, des Umschlags von Glück in Unglück, in die Katastrophe – und umgekehrt. »Es muss etwas passieren, damit die Geschichte interessanter wird«, sagt der Erzähler (S. 68).

Durch welche Erzählanordnung kommt nun Spannung in die Geschichte? Auch hierzu gibt es einen unbewussten Fingerzeig der Agnes-Figur für den Leser: » ›Das Geheimnisvolle ist die Leere in der Mitte‹, sagte sie, ›das, was man nicht sieht, die Symmetrieachsen‹.« (S. 45) Solche Symmetrieachsen werden sichtbar, wenn man die Episoden der einzelnen Kapitel zu Sequenzen zusammenfasst und diese Sequenzen durch Zäsuren voneinander abhebt. Die äußere Ordnung der Form sorgt einerseits für die künstlerische Geschlossenheit des Geschilderten, lässt aber andererseits die Unordnung der menschlichen Beziehungen umso schärfer hervortreten.

Die erste schwere Krise in der Beziehung zwischen Agnes und dem Erzähler ereignet sich exakt in der Mitte des Romans, im 18. Kapitel. An Halloween gehen sie getrennte Wege. Zu Beginn des Kapitels verlässt Agnes die Wohnung, sichtlich verärgert und wortlos, weil der Erzähler nicht an dem Maskenumzug teilnehmen will. Von einem Balkon aus schaut er dann auf eine Gruppe von Elfen herab, unter denen er Agnes zu erkennen glaubt; irrtümlicherweise, wie sich später herausstellt, denn sie hat gar kein Elfenkostüm getragen. So bildet Agnes hier die »Leere in der Mitte« (S. 45, vgl. auch S. 150).

Im 12. Kapitel, also am Ende des ersten Drittels der Handlung, stößt die fiktive Agnes-Geschichte erstmals in die Zu-

Die Chicago Public Library (CPL) ist mit einem Bestand von gut 5 700 000 Bänden die zweitgrößte Bibliothek Chicagos.

kunft vor. Im 24. Kapitel, am Ende des zweiten Drittels, entschließt sich der Erzähler, die Zeit der Trennung zu beenden und die kranke Agnes aufzusuchen. Auch zu Beginn des zweiten und vierten Viertels – im neunten Kapitel wünscht Agnes sich eine Geschichte, im 26. Kapitel diktiert sie eine Glücks-Geschichte – werden Weichen des Geschehens gestellt.

Wenn man das erste und das letzte Kapitel des Romans vergleicht, fallen einige Gemeinsamkeiten auf: Der Erzähler schaut sich Videos an, Agnes ist nicht mehr leibhaftig präsent. Das berechtigt dazu, von einer Rahmenhandlung zu sprechen. Im letzten Kapitel finden wir den Erzähler wieder dort, wo wir ihn kennengelernt haben: in seiner Wohnung, beim Anschauen der Ausflugsvideos. Die Geschichte, die Agnes gemäß seines Bekenntnisses getötet hat (vgl. S. 9), ist geschrieben; und die im Schlusskapitel erwähnte Tatsache, dass Agnes »nicht zurückgekommen« ist (S. 153), lässt die Deutung zu, dass sie tatsächlich gestorben ist.

Gliederung des Romans

Erinnerungsrahmen		(Kap. 1 und 36)
1:	Geschichten vom Anfang der Liebe	(Kap. 2–6)
	Erste Zäsur: Bahnfahrt nach New York	(Kap. 7)
2.1:	Fiktive Agnes-Geschichte beginnt und holt Gegenwart ein	(Kap. 8–11/1)
	Zweite Zäsur: Parkwanderung	(Kap. 11/2)
2.2:	Die Fiktion überholt die Realität	(Kap. 12–14)
	Dritte Zäsur: Der Ausflug am Columbus Day	(Kap. 15–16)
3:	Krise und Trennung, die Wunschkind-Fiktion	(Kap. 17–21)
	Vierte Zäsur: Amüsement mit Louise	(Kap. 22–23)
4:	Neuanfang mit Heiler-Familie-Fiktion	(Kap. 24–29)
	Fünfte Zäsur: Der Einfall am See	(Kap. 30)
5.1:	Die Suche nach einem guten Ende	(Kap. 31–32)
	Sechste Zäsur: Silvester bei Louise	(Kap. 33–34)
5.2:	Scheitern des erhofften guten Endes	(Kap. 35)

Die Binnenhandlung lässt sich in fünf Sequenzen unterteilen, die jeweils durch eine Zäsur voneinander abgetrennt (und zweimal auch von inneren Zäsuren unterbrochen) werden. Diese Sequenzfolge orientiert sich an dem Fünf-Akt-Schema des klassischen Dramas mit Exposition, sich steigernder Handlung, Höhe- beziehungsweise Wendepunkt, Retardation und Ende. Auch spiegelt diese Gliederung den aus den Erzählungen des bürgerlichen Realismus im 19. Jahrhundert (Fontanes *Effi Briest*, Storms *Schimmelreiter*) bekannten Aufbau einer Liebesgeschichte: Anfang mit Hindernissen (Kap. 2 bis 6), Zeit des scheinbaren Glücks (Kap. 8 bis 11/1 und Kap. 12 bis 14), Krise und erste Trennung (Kap. 17 bis 21), Neuanfang (Kap. 24 bis 29), letzte Trennung und tragisches Ende (Kap. 31 bis 32 und Kap. 35). Von diesem Ende her erscheinen die so aufgebauten Geschichten als Melodramen. Das hat eine lange Tradition. Im 18. Jahrhundert waren Melodramen kurze dramatische Texte mit musikalischer Begleitung, im 19. Jahrhundert waren sie als Liebesleidensgeschichten beliebt, die von starken Affekten und hohem Pathos lebten. In den Melodramen des 20. Jahrhunderts ist das Pathos zurückgegangen und vielerorts der Ironie gewichen. Der pathetische Stil fehlt in Stamms Roman ganz. Doch die Cello spielende Agnes hat eine sozusagen musikalische Biographie mit hohen und tiefen Tönen, wechselnden Tempi und Leitmotiven (Kälte, Maske). Eindeutig melodramatisch ist die vom Erzähler in der Agnes-Geschichte niedergelegte Erkenntnis, *»[d]er Schmerz«* verbinde Agnes und ihn enger, als sie zuvor *»das Glück verbunden hatte«* (S. 136). Von daher wohnt der Liebe das tragische Moment von Abschied und Trennung von Anfang an inne. Agnes erscheint dem Leser schon im ersten Satz nicht nur als ehemalige, sondern auch als tote Geliebte.

Die Zäsuren haben eine Brückenfunktion in mehrfacher Hinsicht. Sie treiben die Handlung fort zu neuen Zielpunkten, sie führen das Paar zusammen oder auseinander und sie öffnen andere Erzählräume, die zumeist Außenräume sind, sodass die Erzählung vorübergehend die geschützten vier Wände des mit sich allein beschäftigten Paars verlässt. Als der Erzähler seiner Forschungen wegen mit der Eisenbahn nach New York fährt, lernt er unfreiwillig eine Mitreisende kennen, deren Liebesbedürfnis ihm negativ aufstößt (Kap. 7). Auf der Parkwanderung (Kap. 11/1) erlebt er erstmalig ein Gefühl von intensiver Nähe zu Agnes, das ihm »fremd, unheimlich« vorkommt (S. 59). Ganz anders am Columbus Day (Kap. 15 und 16): Auch hier liegt Agnes im Park auf dem Boden, aber diesmal ohnmächtig, nicht schlafend. Den Erzähler befällt »panische Angst« (S. 73). Die Affäre mit Louise intensiviert die Trennung (Kap. 22 und 23 sowie 33 und 34); Schauplätze dieser Affäre sind – zweimal – das Haus ihrer Eltern, Louises dortiges Apartment und das Gelände der Waggonfabrik. Die fünfte Zäsur gewinnt an Bedeutung, weil sich der

Geschichte in der Geschichte

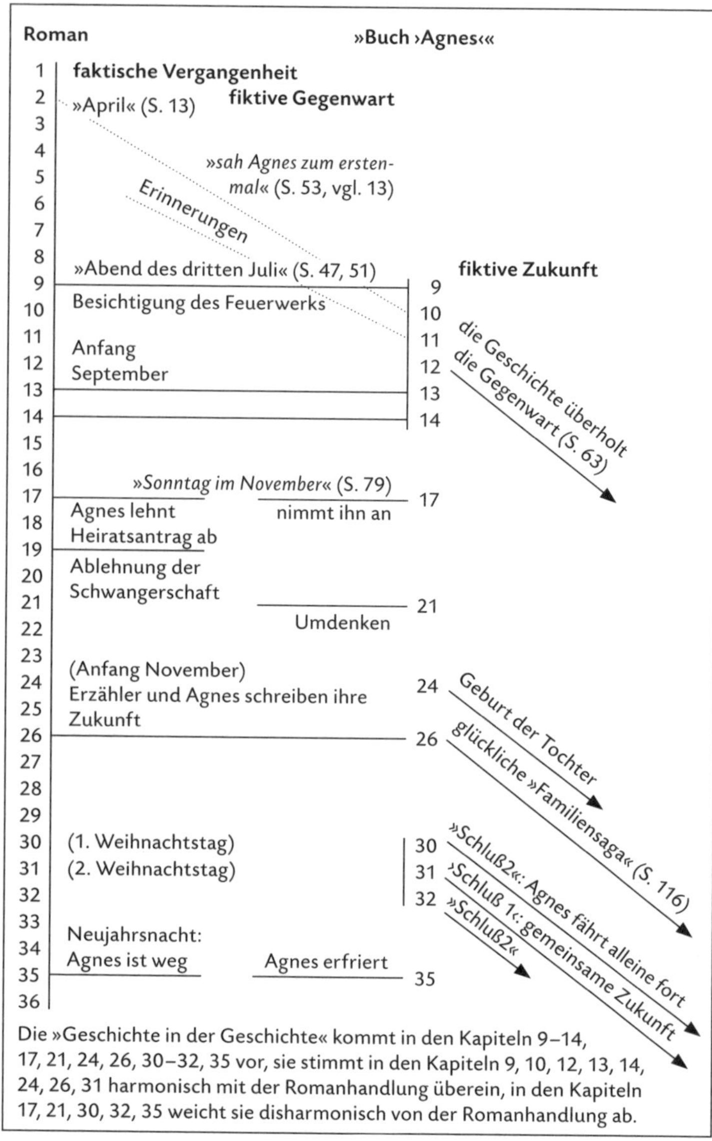

Die »Geschichte in der Geschichte« kommt in den Kapiteln 9–14, 17, 21, 24, 26, 30–32, 35 vor, sie stimmt in den Kapiteln 9, 10, 12, 13, 14, 24, 26, 31 harmonisch mit der Romanhandlung überein, in den Kapiteln 17, 21, 30, 32, 35 weicht sie disharmonisch von der Romanhandlung ab.

Erzähler zwar einerseits um die schwer erkältete Agnes kümmert, sich aber andererseits durch den Spaziergang und das imaginierte Ende der fiktiven Geschichte noch weiter von ihr entfernt. So verbindet diese vorletzte Zäsur den versuchten Neuanfang der Beziehung mit ihrem Ende, das einen »guten Schluß« (S. 133) nur im Sinne der traditionellen (melodramatischen) Erzählmuster abgibt, die für die weiblichen Heldinnen immer den Tod vorsehen, damit die Geschichte einen tragischen und rührenden Schlusspunkt erhält. Der Freitod der Frau auf der »Bühne« der Nacht gibt dieser Geschichte eine ästhetische Form (Elisabeth Bronfen: *Tiefer als der Tag gedacht. Eine Kulturgeschichte der Nacht.* München und Wien: Carl Hanser Verlag 2008, S. 610). Auch in Stamms Erstlingsroman bedeutet ein »Ende finden für Agnes« (S. 133): die Figur sterben zu lassen.

Kommunikation, Erzählen und Sprache

Der Kommunikationswissenschaftler und Psychoanalytiker Paul Watzlawick (1921–2007) hat das berühmte Axiom (den Lehrsatz) aufgestellt, dass man »nicht nicht kommunizieren« kann, weil jedes Verhalten zwangsläufig eine kommunikative Botschaft ausstrahlt, selbst ohne Worte. Die Neurobiologie hat diese Beobachtung bekräftigt. Bei einem Gespräch werden nur »sieben Prozent der Informationen über die Gefühle eines Gegenübers durch die Semantik der Sprache (also über Inhalt und Bedeutung) transportiert«, hingegen »38 Prozent über die Sprachmelodie und 55 Prozent über Mimik und Gestik« (Wolfgang Frühwald: *Wie viel Sprache brauchen wir?* Berlin: berlin university press 2010, S. 13). In der rechten Gehirnhälfte wird die emotionale Kommunikation gesteuert, in der linken Gehirnhälfte laufen sprachlich-rationale Prozesse ab. Beim Miteinandersprechen haben insofern nonverbale Ausdrucksformen – die Sprachmelodie (die uns zwischen »um-

fahren« und »*um*fahren« unterscheiden lässt), die Affekte und Emotionen – einen stärkeren Einfluss auf das Verstehen als der bloße Inhalt des Gesprochenen. Umso mehr kommt es beim Erzählen darauf an, die Worte sorgfältig zu wählen: als »sprachlich geformtes Denken« (Frühwald, S. 16).

In *Agnes* kommt die Sprachproblematik schon dadurch zum Ausdruck, dass Agnes anders als der aus der deutschsprachigen Schweiz kommende Erzähler nicht die deutsche Sprache spricht und insofern auch nicht lesen kann, was er früher geschrieben hat (vgl. S. 30). Das Liebespaar hat als gemeinsame Sprache nur das Englische. Auch Peter Stamm weiß um die Grenzen der Kommunikation und die Notwendigkeit des Verstehens. »Kommunikation scheitert immer, aber wir haben keine andere Möglichkeit, als immer wieder neu zu versuchen, miteinander in Verbindung zu treten.« (KI, S. 398) Sprache hält er für den einzigen »Beitrag des Menschen zur Schöpfung«. Sie ist erlernbar durch genaue Beobachtung. Bei seinen Kindern hat er bemerkt, »dass Sprache zuerst ein reines und lustvolles Bezeichnen ist«. Dieses »Zeigen und Benennen«, das »Spiel mit Worten« (KI, S. 399), ist für Stamm ein wesentliches Element literarischen Erzählens.

In dem Roman *Agnes* ist die Kommunikation zwischen den Liebenden oft eingeschränkt durch gegenseitige Vorbehalte, gebrochen durch unerfüllte Erwartungen. Blicke sagen mehr als Worte (vgl. S. 14), Rufe werden nicht gehört (vgl. S. 88), wohlmeinende Ratschläge nicht beantwortet (vgl. S. 84), das Schweigen (zum Beispiel über die Fehlgeburt, vgl. S. 114) ist sprechend. Auch wenn sein Gespräch mit Agnes am zweiten Tag des Kennenlernens in der Kaffeepause um »belanglose Dinge« kreist (S. 17), unterstellt der Erzähler bereits, sie seien »über Nacht vertrauter miteinander geworden« (S. 18). Doch die Gelegenheit, auf Agnes' eindringliche Fragen einzugehen, verpasst er immer öfter. Was ist, wenn man stirbt, bevor man des Lebens müde ist (vgl. S. 24), wenn man keine Möglichkeit hatte, Spuren zu hinterlassen (vgl. S. 77)? Auf diese Existenzfragen weiß der Erzähler keine Antwort. Er widerspricht Agnes (vgl. S. 49) und erntet im Gegenzug ihren Protest (vgl. S. 55 und 88). Agnes erzählt gerne Geschichten, um Probleme zu veranschaulichen: In der Klumpfuß-Geschichte (vgl. S. 27) geht es um Gott und Glauben; in der Pfadfinder-Geschichte um Schuld und Scham (vgl. S. 32 f.). Der Erzähler ist wortkarg und hat einen Hang zu allgemeinplätzigen Floskeln: »Irgendwann kommt überall jemand vorbei« (S. 32). »Darüber müssen wir reden.« (S. 88) »Immer sagst du, wir müssen reden. Aber du redest nie« (S. 90), wirft Agnes dem Erzähler vor. So fehlt der Kommunikation der Liebenden oft der Willen zum Verstehen; »in zentralen Fragen (Liebe, Tod, Familie) gibt es keine Annäherung« (Schwahl, S. 97). Allerdings ist dieser Befund zu relativieren, denn in einigen Szenen, beispielsweise im Museum (vgl. S. 68 f.), kommt es zu einem wechselseitig inspirierenden Gedankenaustausch.

Die zeigende und benennende Funktion der Sprache wird in zwei Szenen besonders deutlich. Im achten Kapitel stellt Agnes dem Erzähler ihre eigene Kurzgeschichte vor. Der Erzähler liest ihren Text am Bildschirm, »schnell und oberflächlich« (S. 42), während Agnes Kaffee macht, dann weigert er sich, den Text zu beurteilen, vergleicht ihn aber in deutlich abwertender Absicht mit einer »mathematische[n] Formel« (S. 43). Offenbar ist die Szene beiden unausgesprochen unangenehm, ja peinlich. Über ihre wahren Gefühle unterrichtet indessen die mimisch-gestische Sprache. Beide sind ungeduldig, Agnes kann nicht ruhig neben dem Erzähler sitzen, dieser hält »ihren erwartungsvollen Blick« (S. 42) nicht aus und geht ans Fenster. Der Erzähler weiß, dass Agnes' Prosaversuch besser ist »als alles«, was er »in den letzten zehn Jahren geschrieben« hat (S. 43), aber er sagt es nicht. Die Kerzen auf dem Tisch sind »beinahe heruntergebrannt« (S. 42), wodurch symbolisch zum Ausdruck gebracht wird, dass die Kommunikation misslingt: »Agnes schwieg, und ich schaute hinaus auf die Straße.« (S. 43) Dabei hätte Agnes' Geschichte eine gute Gelegenheit geboten, über ihr Verhältnis zu sprechen. Sie handelt von einem offenbar weiblichen Ich, das von einem Mann verfolgt wird und sich selbst verliert. Die Beziehung zu diesem Mann ist asymmetrisch (*»ohne mich zu berühren«*, heißt es hier, S. 42; vgl. später im 19. Kapitel: S. 89). Liebe als Abhängigkeitsverhältnis, als ungleiche Partnerschaft, Sprachlosigkeit des Mannes und Hilflosigkeit der Frau: Das charakterisiert auch die Beziehung von Agnes und dem Erzähler.

Eine zweite aufschlussreiche Kommunikationsszene findet sich im 19. Kapitel. Nach der verpassten Begegnung auf der Halloween-Party liegt Agnes den ganzen Tag krank im Bett. Als es dämmert, kommt sie ins Arbeitszimmer und fragt den Erzähler, was geschehen solle, wenn er sein Buch fertig geschrieben habe. Nach seiner floskelhaften Antwort schweigen beide. Schließlich teilt Agnes ihm mit, dass sie schwanger ist.

Dann sagte Agnes: »Ich bin schwanger ... Ich kriege ein Kind«, sagte sie. »Freust du dich?«

Ich stand auf und ging in die Küche, um mir ein Bier zu holen. Als ich zurückkam, saß Agnes auf meinem Schreibtisch und spielte mit einem Kugelschreiber. Ich setzte mich neben sie, ohne sie zu berühren. Sie nahm mir die Flasche aus der Hand und trank einen Schluck.

»Schwangere Frauen sollten keinen Alkohol trinken«, sagte ich und lachte verkrampft.

Sie boxte mich in die Schulter. »Und?« fragte sie. »Was sagst du?«

»Nicht gerade, was ich mir vorgestellt habe. Warum? Hast du die Pille vergessen?«

»Der Arzt sagt, es kann auch mit der Pille passieren. Ein Prozent oder so der Frauen, die die Pille nehmen ... «

Ich schüttelte den Kopf und sagte nichts. Agnes begann, leise zu weinen.

»Agnes wird nicht schwanger«, sagte ich. »Das war nicht ... Du liebst mich nicht. Nicht wirklich.« (S. 89)

Das Gespräch steht strukturell und thematisch im Mittelpunkt des Romans. Unversöhnlich sind die Ausgangssituationen: Agnes erwartet ein Kind, der Erzähler will kein Kind. Doch liegt hier kein ebenbürtiges Konfliktgespräch mit argumentativem Austausch vor, sondern ein »Enthüllungsdialog« (Schmitt-Kaufhold, S. 7) im doppelten Sinne. Enthüllt wird das Ereignis Schwangerschaft, das eine Neuorientierung der Beziehung erfordert. Enthüllt wird aber auch die ausweichende Art des Erzählers, mit einer solchen wichtigen Neuigkeit umzugehen. Durch seine verlegene Reaktion wird Agnes in eine Rechtfertigungssituation gedrängt. Sie spricht und zeigt sich dabei emotional betroffen. Der Erzähler hingegen geht übertrieben sachlich-distanziert mit der Situation um und offenbart seine Verkrampfung nur in Gestik und Mimik. Diese nonverbalen Kommunikationssignale bestimmen das Gespräch. Während es der Erzähler vermeidet, Agnes zu berühren, sucht Agnes den Körperkontakt auf kumpelhafte Weise (»boxte mich in die Schulter«) und betritt das Terrain ihres Partners. Sie trinkt aus seiner Bierflasche und sitzt auf seinem Schreibtisch, mit einem Kugelschreiber spielend; sie hat offenbar mehr zu schreiben als zu sagen. Die Gesprächsrollen sind ungleich verteilt: hier die entmutigte, enttäuschte, traurige Frau, dort der kalte, hartherzige, unaufrichtige Erzähler. Diese Asymmetrie verstärkt die Entfremdung der Figuren voneinander.

Sprachlich wird die in der Szene aufbrechende Entfremdung durch knappe Aussagesätze und situationsinadäquate Sprechhandlungen unterstrichen: der Ratschlag des Alkoholverzichts für Schwangere, der Vorwurf, die Einnahme der Pille vergessen zu haben, Agnes' Entschuldigungsversuch mit dem Hinweis auf die Autorität des Arztes. Am Ende stehen wieder einmal Schweigen (des Erzählers) und Tränen (von Agnes). Der Kommentar »Agnes wird nicht schwanger« zielt auf die Geschichte in der Geschichte, auf das Idealbild, das der Erzähler von Agnes hat. Er verleugnet die konkrete Situation, indem er sie gegen diese Wunschvorstellung austauscht. Die reale Kommunikation verliert durch den Gebrauch der dritten Person (statt der zweiten) für den Dialogpartner an Verbindlichkeit, sie wird zum melodramatischen Spiel. Die Ellipse »Das war nicht ... « ist sprechend genug. Eine Schwangerschaft ist im Liebesentwurf des Erzählers nicht geplant. Dreimal wird Agnes, wenn man so will, von ihm verleugnet (»Schwangere Frauen sollten keinen Alkohol trinken«, »Hast du die Pille vergessem?«, »Agnes wird nicht schwanger«), ähnlich wie Jesus von seinem Jünger Petrus (Matthäus-Evangelium 26, 69–75). Eigentlich – so lassen sich die beiden abschließenden Sätze des Erzählers verstehen – liebt er nur die fiktive, also die nach seinen Vorstellungen gestaltete Agnes.

Aufschlussreich ist der Vergleich dieses Gesprächs mit dessen Version in der Agnes-Geschichte (S. 99). Geplagt von schlechtem Gewissen wegen der sich anbahnenden Affäre mit Louise, setzt sich der Erzähler an seinen Text und eröffnet die Szene mit der Beschreibung eines Kusses, der das gute Ende der Szene vorwegnimmt. Geständnis, Leugnung, Vorwurf und Rechtfertigung dominieren den Gesprächsverlauf auch in der fiktiven Version. Aber dann gesteht der Erzähler seine *»Angst davor, Vater zu werden«*, Agnes tröstet ihn, er werde *»es nicht schlechter machen als die anderen«*, und der Erzähler

Wasserfontänen der Buckingham Fountain im Grant Park vor der Kulisse der Wolkenkratzer in Downtown Chicago.

spricht sich und ihr Mut zu: »*wir werden es schon irgendwie schaffen*«. Aus dem Enthüllungs- und Rechtfertigungsdialog, der wortlos und mit Tränen endet, wird ein Wiedergutmachungsdialog mit Durchhalteparolen.

Motiv der Kälte

Handlungsort von *Agnes* ist Chicago. Die Jahresdurchschnittstemperatur dort beträgt 10,5 Grad, diejenige im Januar minus 10,6 Grad Celsius. Der Schnee und der »böige Wind« (S. 9), der vom Michigansee her weht, liefern insofern eine klimatisch passende Atmosphäre für den Roman. Er beginnt mit der Beschreibung dieses eisigen Klimas und lässt es gleich auf die Beziehung zu Agnes ausstrahlen: »Es war kalt, als wir uns kennenlernten.« (S. 9) Mit dieser Mitteilung wird ein wichtiges Leitmotiv angeschlagen. Kälte bestimmt die soziale Atmosphäre in der Metropole im Nordosten der USA, Kälte grundiert die Liebesgeschichte von Anfang an, unaufdringlich, aber mit großer Konstanz. Der Erzähler liebt Spaziergänge in der Kälte und Besuche der Dachterrasse des Hochhauses, in dem er lebt. Das scheint seinem kühlen Auftreten angemessen. Agnes fröstelt schnell, sie erkältet sich auf dem zugigen Dach (vgl. S. 66 und 126 f.) und bevorzugt die warme Wohnung. Das Klopfen aus der Dampfheizung ihres eigenen Apartments gibt ihr das Gefühl, »nicht allein zu sein« (S. 46). Wenn das äußere Klima »kühl« ist (S. 64), klingt auch ihre Stimme »kühl« (S. 65). Der Wärme spendenden Sonne (vgl. S. 58 f. und 75) werden die kalten Sterne entgegengesetzt, von denen sich Agnes und der Erzähler angezogen fühlen (vgl. S. 126 f. und 151). Der Gegensatz von Kälte und Wärme korrespondiert mit dem Wechsel von Innen- und Außenräumen. Während selbst Anfang September schon ein »kühler« Wind durch die Stadt weht (S. 57), sind die Wohnung des Erzählers und die Bibliothek stets gut geheizt. Das Kältemotiv regelt die Betriebstemperatur der Beziehung; »im Innenraum« kann »der Beziehungsakku« zumindest kurzfristig immer wieder »aufgeladen werden« (Wahl, S. 81). Letztlich aber geht Agnes an der Kälte des Erzählers zugrunde.

Dementsprechend wird auch Agnes' Verschwinden in der Agnes-Geschichte inszeniert (vgl. S. 150–152). Sie verlässt den Erzähler in der verschneiten Neujahrsnacht und legt sich zum Sterben in den Schnee. Dieser Tod, den ihr der Erzähler verschreibt, ist in ihrer Beziehung vorgezeichnet. »Es heißt, zu erfrieren sei ein schöner Tod«, meint Agnes bei der Rückwanderung im Hoosier Forest (S. 78). Als Kind hat sie sich einmal barfuß in den Schnee gestellt, um ihre »Gefühle abzutöten« (S. 119). Und beim ersten Restaurantbesuch erinnert sich der Erzähler, als er mit Agnes über den Tod spricht – was sie »kühl« aufnimmt (S. 24) –, an ein Gedicht von Robert Frost (1874–1963). Der Name des amerikanischen Dichters ist sprechend genug. Es handelt sich um Frosts 1923 erstmals publiziertes Gedicht *Stopping by Woods on a Snowy Evening*, in dem der verschneite Wald als eine verlockende Todeslandschaft erscheint. Der Sprecher ist fasziniert vom Schnee, muss aber aufgrund eines nicht näher bezeichneten Versprechens weiterreiten. Frosts Gedicht kann den Leser auf die Idee bringen, dass Agnes ihren Erfrierungstod nur in der Vorstellung des Erzählers erleidet. Wohin sie gegangen und warum sie »nicht zurückgekommen« ist (S. 153), bleibt allerdings unklar.

Robert Frost

Stopping by Woods on a Snowy Evening

Whose woods these are I think I know.
His house is in the village though;
He will not see me stopping here
To watch his woods fill up with snow.

My little horse must think it queer
To stop without a farmhouse near
Between the woods and frozen lake
The darkest evening of the year.

He gives his harness bells a shake
To ask if there is some mistake.
The only other sound's the sweep
Of easy wind and downy flake.

The woods are lovely, dark and deep.
But I have promises to keep,
And miles to go before I sleep,
And miles to go before I sleep.

Der US-amerikanische Dichter Robert Frost (1874 bis 1963).

Zuletzt ist darauf hinzuweisen, dass der Kältetod auch ein »unheimlich-inständiges Motiv« der Schweizer Literatur ist (Peter von Matt: *Die tintenblauen Eidgenossen. Über die literarische und politische Schweiz.* München: Deutscher Taschenbuch Verlag 2004, S. 306). Er kommt bei Jeremias Gotthelf, Gottfried Keller und Friedrich Dürrenmatt vor; die Schweizer Autorin Adelheid Duvanel (1936–1996) ist in einem Wald nahe Basel erfroren. Der Schweizer Schriftsteller Robert Walser (1878 bis 1956) ist am ersten Weihnachtstag bei einem Schneespaziergang gestorben. Diesen Tod hat er in seinem Debütroman *Geschwister Tanner* (1907) mit dem Motiv eines im winterlichen Wald erfrorenen Dichters fast vorweggenommen. Peter Stamm geht spielerisch-offen mit diesem Motiv um. Zwei Geschichten seines Bands *Seerücken* (2011) lassen zwar einsame Menschen aus der unwirtlichen Natur verschwinden, ohne dass aber ihr Tod dort explizit dargestellt wird (»Sommergäste« und »Im Wald«). In vergleichbarer Weise hat die ›kalte‹ Geschichte Agnes erfrieren lassen.

2 Figuren

Erzähler

Mit drei Elementen kann man die Figur des Erzählers charakterisieren: Er ist ein Fremder, ein Schriftsteller und ein unzuverlässiger Erzähler (vgl. Wahl, S. 108 f.). Die an letzter Stelle genannte Eigenschaft zwingt zu einem kritischen Blick auf das, was er über sich sagt; und das ist nicht eben viel. Noch nicht einmal einen Vornamen, geschweige denn ein genaues Lebensalter erfährt man von ihm; weil er Agnes einmal sagt, er könne »fast [ihr] Vater sein« (S. 26), könnte man ihn auf Anfang bis Mitte vierzig schätzen. Seine Zurückhaltung nährt den Verdacht, dass er nur das über sich preisgibt, was er preisgeben will, um sein Selbstbild zu stützen, sich ansonsten aber einer persönlichen Durchleuchtung entzieht. Bezeichnend dafür ist schon das erste Kapitel. Der Erzähler sieht sich selbst in einem von Agnes gedrehten Videofilm: Er schneidet »eine Grimasse« (S. 10). Etwas später heißt es:

> Die Kamera nähert sich mir von oben, kommt immer näher, bis das Bild unscharf wird, weicht zurück. Dann wandert sie über meinen Körper bis zu den Füßen und wieder zum Kopf. Lange bleibt sie auf dem Gesicht stehen, versucht, noch einmal näher zu kommen, aber das Bild wird wieder unscharf, und sie weicht von neuem zurück. (S. 11)

Im Film dient die Großeinstellung auf das Gesicht standardmäßig der Einfühlung in die gezeigte Person. Doch der Erzähler in Stamms Roman verweigert Empathie. Er entzieht sich, sodass es Agnes nicht möglich ist, ein klar konturiertes Bild von ihm zu erhalten. Er will der Wahrheit ausweichen und scheut den aufrichtigen Blick auf sich selbst. Seine Identität bleibt unklar. Nur die wenigen in direkter Rede wiedergegebenen Äußerungen von Agnes über den Erzähler und die impliziten Widersprüche, die sich unfreiwillig in seine Reden und Verhaltensweisen einschleichen, tragen zu einem differenzierteren Bild dieser Figur bei.

Aus der Schweiz (vgl. S. 52, 80, 86, 104, 116 und 124) ist der Ich-Erzähler in die Vereinigten Staaten gekommen. Er lebt in Chicago, im 27. Stock eines Wolkenkratzers in der Innenstadt, isoliert von den Mitbewohnern (vgl. S. 149). Der neue Portier, der ihn für einen »Fremde[n]« hält (S. 93), kennt ihn nicht, nur der Videoverkäufer. In der Stadt, die er seit seiner Ankunft »noch nie verlassen« hat (S. 32), kennt er »kaum jemanden [...]. Niemanden, um genau zu sein.« (S. 14) Dem Gefühl des Verliebtseins hat er gelernt »auszuweichen«, bevor es »zu einer Bedrohung« wird. Nach »einige[n] gescheiterte[n] Beziehungen« hat er sich mit seinem »Alleinsein abgefunden« (S. 15).

Andererseits ist er überaus neugierig. Im Zug nach New York schaut er in das Buch einer schlafenden Mitreisenden (vgl. S. 35), in Agnes' Wohnung schnüffelt er in ihren Privatbriefen (vgl. S. 112).

Er liebt lange, einsame Spaziergänge (vgl. S. 92) und Orte wie die Stadtbibliothek oder das schäbige Café, wo man ihn nicht kennt (vgl. S. 19 f.). Trotz seines Bedürfnisses, sich nicht zu sehr auf andere Menschen einlassen zu müssen, hat ihn die Beziehung zu Agnes tief berührt und verändert. Nachdem Agnes ihn endgültig verlassen hat, sagt er über seine Wohnung: »Wir waren hier zu Hause, aber jetzt [...] ist mir die Wohnung fremd und unerträglich geworden.« (S. 9)

Die Ferne ist sein Zuhause, die Herkunftsheimat ist ihm fremd geworden. Es ist ihm gleichgültig, ob er »nur zu Besuch« (S. 124) in den USA ist oder dort bleibt oder zurück in die Schweiz geht, wo er offenbar noch eine Wohnung hat (vgl. S. 147). Diese Gleichgültigkeit erscheint als Symptom seiner Selbstentfremdung.

Manchmal ist er zwar ehrlich zu sich selbst. Agnes' Kurzgeschichte hält er insgeheim für besser als alles, was er »in den letzten zehn Jahren geschrieben« hat (S. 43); betrunken gesteht er Louise, »kein guter Mann« zu sein (S. 147). Meist aber konstruiert er sich eine Lebenseinstellung, die seinem Bedürfnis nach Freiheit und Bindungslosigkeit entspricht. Diese private Philosophie stellt er über die Erfahrung gemeinsamen Glücks: »Freiheit war mir immer wichtiger gewesen als Glück. Vielleicht war es das, was meine Freundinnen Egoismus genannt hatten.« (S. 110)

Der Erzähler ist ein erfolgreicher Sachbuchautor und ein erfolgloser, von Selbstzweifeln zermürbter Schriftsteller. Er ist sparsam (vgl. S. 34), aber finanziell offenbar so gut gestellt, dass er es sich leisten kann, bei seinem Verleger den Ablieferungstermin des geplanten neuen Buchs vom Herbst auf das kommende Frühjahr zu verschieben (vgl. S. 67). Er hat Bücher über die Geschichte des Fahrrads und über Zigarren geschrieben (vgl. S. 20 und 30). Nun arbeitet er an einem Buch über amerikanische Luxuseisenbahnwagen. Vor »vielen Jahren« hat er ein »kleines Buch mit Kurzgeschichten« veröffentlicht (S. 30), das »hundertsiebenundachtzigmal« (S. 48) verkauft wurde. Ein Romanprojekt ist nach den ersten fünfzig Seiten versandet (vgl. S. 30). Sehr sicher scheint sich der Erzähler seiner Schreibkunst nicht zu sein. Er zweifelt daran, ob er überhaupt noch fähig ist, »Geschichten zu schreiben« (S. 50). Angesichts seiner mangelhaften Produktivität freut er sich allerdings doch auf das »Experiment«, zu dem ihn die Liebe zu Agnes ermuntert hat (S. 50). Wie wichtig ihm die Literatur in Wirklichkeit ist, zeigt sich nicht nur daran, dass er für die Agnes-Geschichte seinen eigentlichen Schreibauftrag, das Sachbuch, vernachlässigt, sondern auch daran, dass er mit Blick auf seine Erfolglosigkeit als Schriftsteller verallgemeinernd von der »magere[n] Ausbeute [s]eines bisherigen Lebens« (S. 30) spricht. Was letztlich zählt, ist die Literatur. Bei dieser Einstellung wundert es nicht, dass die von ihm phantasierte und niedergeschriebene Geschichte im Erleben des Erzählers schnell eine höhere Bedeutung erhält als die reale Beziehung zu Agnes.

Die wichtigste Eigenschaft des Ich-Erzählers hängt unmittelbar mit ebendieser Doppelrolle als Erzähler zusammen, die er in dem Roman einnimmt. Er erzählt die Geschichte seiner realen Beziehung mit Agnes – und zugleich die Geschichte, die er darüber schreibt. Doch im Vergleich beider Geschichten treten Ungereimtheiten zutage. Seine Hoffnung, »alles würde gut werden« (S. 122), trügt am Ende. Er muss Angaben korrigieren, die nicht der Wahrheit entsprechen: Das »chinesische[ ] Restaurant« (S. 22), in das er Agnes zum Auftakt ihrer Beziehung eingeladen hat, stellt sich infolge eines Eintrags in Agnes' Taschenkalender als indisches heraus (vgl. S. 56 und 97). Er traut seiner eigenen Erinnerung nicht (S. 56). Sein Gedächtnis hat Lücken und Leerstellen. Er verharmlost Agnes' schwere Erkältung (vgl. S. 136). Ereignisse, die Agnes wichtig findet, verschweigt oder verkürzt er (wie den Vorfall mit der toten Frau vor dem Restaurant, vgl. S. 56 f.). Es will ihm nicht gelingen, »ganz nach hinten« zu schauen (S. 153). Er belügt Agnes (vgl. S. 128 und 139) und sich selbst: Den exakten Wortlaut ihrer Kurzgeschichte gibt er im achten Kapitel wieder (vgl. S. 42), obwohl er Agnes im gleichen Kapitel sagen lässt, sie habe ihren Text »gelöscht« (S. 44).

Man hat es also mit einem unzuverlässigen Erzähler zu tun, dem man nicht alles für bare Münze abkaufen kann, was er sagt. Diese Unverlässlichkeit des Erzählens zeigt sich in den häufig verwendeten Formeln des Konditionalis (»als sei«: S. 9, 15, 23, 112; »als könne«: S. 14; »als müsse«: S. 23), in Verben des Unwissens (»ich weiß nicht«: S. 10), Scheinens und Ahnens (vgl. etwa S. 10, 11, 18 und 22).

Der Begriff »unzuverlässiger Erzähler« stammt aus der angloamerikanischen Erzählforschung (Wayne C. Booth, 1961) und kann sich auf einen Erzähler beziehen, der kriminell, geistesgestört, naiv oder einfach zu verschroben ist, um wahrhaftige Aussagen über die erzählte Welt machen zu können. Ziel dieser Erzählerrolle ist es, das Augenmerk auf die Konstruiertheit und Fiktionalität der erzählten Welt zu lenken; alles ist nur so in der Geschichte, weil es der Erzähler so aufgebaut und erfunden hat. – Bei Peter Stamms Roman *Agnes* handelt es sich demnach um die Geschichte des Erzählers, die dieser dem Leser erzählt, obwohl er vorgibt, die Geschichte von Agnes (wie ja bereits der Titel suggeriert) zu erzählen. Besonders deutlich wird der subjektiv eingeschränkte und unzuverlässige Blickwinkel der Erzählweise im elften Kapitel. Im Park beobachtet er die schlafende Agnes, vergleicht ihr Gesicht mit einer »unbekannte[n] Landschaft« und stellt fest: »Ich schaute sie an und erkannte sie nicht.« (S. 58) •

Agnes

Auch bei der Betrachtung von Agnes gilt es, die Grundvoraussetzung perspektivischen Erzählens zu beachten: Alles, was der Leser über die Figur erfährt, ist gefiltert durch die Wahrnehmung des Ich-Erzählers. Dessen Sichtweise ist, wie im vorangegangenen Abschnitt dargestellt, begrenzt, selektiv und parteiisch. Freilich gibt es eine Reihe von Äußerungen, die direkt von Agnes stammen und in wörtlicher Rede wiedergegeben werden, sodass man ihnen grundsätzlich mehr trauen kann als den Erzählerreden. Doch insgesamt gesehen ist das zu wenig, um ein objektives Profil der Figur zu erstellen. Auch Agnes gibt nicht sonderlich viel aus ihrem Leben preis. Ihre erste Geste in Stamms Roman ist symbolisch: eine »abwehrende Handbewegung« (S. 10). Das heißt: Agnes will nicht zum Objekt der Betrachtung werden.

Schon deshalb sollte man sich davor hüten, der Perspektive des Ich-Erzählers auf den Leim zu gehen und seine Sichtweise auf Agnes in die Figur hineinzulesen. Dass diese Gefahr besteht, zeigt schon der erste Satz des Romans: »Agnes ist tot.« Der Erzähler spricht also über eine ›tote‹ Person, eine »Figur aus zweiter Hand« (Wahl, S. 55), die sich einer »schlüssigen Vervollständigung verweigert« (Schmid, S. 96). Daher sind jene Interpretationen einseitig, die der Agnes-Figur einen »Putzwahn« (Wahl, S. 57), Anzeichen einer »gravierenden Persönlichkeitsstörung«, eine »neurotische Form der Lebensbewältigung« und eine »negative Grundhaltung« anhängen (Pütz, S. 12–14). Es handelt sich hier eben nur um Fremdbilder von Agnes, die der Erzähler dem Leser suggeriert. Aufgabe der Figurenanalyse ist es vielmehr, die einseitige Sichtweise des Erzählers zu durchdringen. Beispielsweise sollte man versuchen, die Bilder, die sich die Hauptfiguren gegenseitig voneinander machen, auch einmal von der anderen Seite aus zu betrachten. So widerspricht Agnes dem Erzähler in der Museumsszene im 14. Kapitel, als dieser sie in dem Bild des dunkel gekleideten, artig im Schatten sitzenden und in die Betrachtung der Natur versunkenen Mädchens auf Seurats Gemälde wiederzuerkennen glaubt. Ihr Selbstbildnis entspricht eher dem Mädchen im weißen Kleid, das aus der Sonne auf den Betrachter zugeht (vgl. S. 91 dieses Bands).

Die erste Beschreibung, die der Erzähler im Roman von ihr gibt, zeugt nicht gerade von Liebe auf den ersten Blick: »Ihr Äußeres war nicht auffallend, sie war schlank und nicht sehr groß, ihr braunes Haar war schulterlang und dicht, ihr Gesicht bleich und ungeschminkt. Nur ihr Blick war außergewöhnlich, als könne sie mit den Augen Worte übermitteln.« (S. 14) Weniger sachlich, ungleich poetischer und stilisierter klingt die Schilderung der ersten Begegnung in der Agnes-Geschichte: »*Ihre linkischen Bewegungen paßten nicht recht zum schlanken,*

Station der Chicagoer Hochbahn: »Jeden Morgen fuhr Agnes nun mit der Hochbahn zur Universität.« (S. 67)

fast zerbrechlichen Körper. Ihr Gesicht war schmal und bleich, ihr Haar fiel dunkel auf ihre Schultern. Unsere Blicke trafen sich für einen Moment, und ich sah ihre erstaunten blauen Augen.« (S. 54) Hier zeigt sich bereits die Aufwertung des Agnes-Bilds in der Fiktion. Gegensätze werden markiert (»linkisch« – »schlank«, »bleich« – »dunkel«), aus dem Wunsch des Erzählers, angeblickt zu werden, wird in der Agnes-Geschichte ein erfundener erster Blickwechsel.

Ein erstes Bild von dem Leben, das Agnes führt, und von ihrer Persönlichkeit wird am Ende des dritten Kapitels – am dritten Tag des Kennenlernens – in geraffter, gestaffelter Form vermittelt. Zunächst die Fakten zu ihrer beruflichen Tätigkeit: Sie hat »Physik studiert«, ist jetzt »fünfundzwanzig Jahre alt«, hat eine »Teilzeit-Assistentenstelle am Mathematischen Institut der Chicago University« und schreibt an ihrer Dissertation über »die Symmetrien der Symmetriegruppen von Kristallgittern« (S. 20). Dann das Private, das demgegenüber nur pauschale Informationen – keine Beispiele, keine Namen, keine Daten – enthält: »Sie sagte, sie spiele Cello, liebe Malerei und Gedichte. Sie sei in Chicago aufgewachsen. Ihr Vater war vor einigen Jahren in Pension gegangen, und ihre Eltern waren nach Florida gezogen«. Agnes wohnt in einem »Studio« in einem Außenbezirk der Stadt. Als Summe dieser ersten Vorstellung von Agnes folgt ihr Bekenntnis, »kein sehr sozialer Mensch« zu sein (S. 20). Außer Herbert, einem Verehrer aus früheren Jahren, und ihren drei Freundinnen im Streichquartett wird kein einziger Freund von Agnes in dem Roman auch nur erwähnt – was vermutlich nicht nur daran liegt, dass der Erzähler sich nicht für ihren Bekanntenkreis interessiert. Agnes liebt die Einsamkeit, ihr Zimmer ist spartanisch eingerichtet und wirkt »unbelebt« (S. 39).

Will man sich nicht der Perspektive des Ich-Erzählers überlassen und kritiklos dessen Sicht auf eine scheue, schamhafte (vgl. 29), pietätvolle (vgl. S. 77), kränkliche und leicht gekränkte (vgl. S. 139) junge Frau mit obsessiven Gewohnheiten (vgl. S. 61 f.) und einem ausgewachsenen Vaterproblem (vgl. S. 40) teilen, so muss man aus den teils fragmentarischen, teils widersprüchlichen Aussagen, die der Erzähler über Agnes und Agnes über sich selbst macht, ein differenzierteres Bild zusammensetzen. So gibt es von der Wiederversöhnung nach der Trennung zwei Versionen. Der Erzähler behauptet, Agnes habe ihn verlassen und sei zu ihm zurückgekehrt; Agnes zufolge hat er sie verlassen und ist zu ihr zurückgekommen (vgl. S. 126 und 128). Zu dem Bild von Agnes gehören immer zwei Seiten; die Wahrheit ist in der Mitte zu suchen (vgl. die Tabelle auf S. 63 dieses Bands).

Es fällt auf, dass Agnes fromm ohne rechten Glauben ist; sie zündet in Kirchen gerne eine Kerze für die Verstorbenen an, ohne aber »daran«, an die Auferstehung und die Erhörung des Gebets, zu glauben (S. 27). Sie schließt sich im Badezimmer

Bild und Gegenbild

Bild des Erzählers von Agnes	mögliches Gegenbild des Lesers von Agnes
ungeschickt (S. 15)	kann in der Wildnis Feuer machen (S. 72)
ängstlich (S. 12)	beschwichtigt den besorgten Erzähler, der seinerseits »panische Angst« hat (S. 73 f.)
ordnungssüchtig (S. 39, 112)	achtsam, traditionsliebend (S. 121 f.)
abhängig, sie kommt zu ihm zurück (S. 128)	sie bringt beim Umzug in die Wohnung des Erzählers nur wenige Sachen mit (S. 66); der Erzähler ist abhängig von ihr (S. 61); sie verlässt ihn (S. 94)
nicht sozial	der Erzähler hat keine Freunde und »noch weniger Sachen« als Agnes (S. 123), die im Streichquartett spielt und »ihre Kolleginnen von der Universität« besucht (S. 122)
kalt, unterdrückte Emotionen	liebt den Erzähler (S. 75 und 129)

ein, erklärt aber in der Wildnis des Nationalparks, so »nackt und ganz nah an allem« wie hier ließe sich durchaus leben (S. 76). Sie liebt Masken (vgl. S. 87) und hasst zugleich Lügen in einer Geschichte (vgl. S. 118 f.). Sie schätzt die Asymmetrie als Voraussetzung des Lebens (vgl. S. 45), ist aber auch darauf bedacht, »Fehlordnungen und Gitterbaufehler« zu korrigieren (S. 123). Sie will, anders als der Erzähler, Spuren hinterlassen, um sich nicht selbst zu verlieren (vgl. S. 28 und 32). Sie hat ein nach eigenen Worten von »vortreffliche[r] Kombinationsgabe und scharfe[r] Logik« (S. 115) geprägtes naturwissenschaftliches Weltbild, in dem Aussagen auf ihren Wahrheitsgehalt geprüft werden müssen (so traut sie der Zählung der Stockwerke im Fahrstuhl nicht, vgl. S. 49). Auf der anderen Seite ist sie voller Empathie gegenüber anderen Menschen (zum Beispiel den Angehörigen der vor dem Restaurant verstorbenen Frau) und empört sich über den Arzt, der ihr verlorenes Kind als »[d]as Kindsmaterial« bezeichnet hat (S. 111). Sie war in ihrer Jugend eine empathische Leserin, die sich in ihre Lektüre versenkte und die Figuren als ihre »besten Freunde« ansah (S. 119) Nach der Lektüre von Hermann Hesses *Siddhartha* (1922), einer Nacherzählung der Geschichte eines historischen Buddhas, hatte sie sich »eine Stunde lang barfuß in den Garten« gestellt, um ihre »Gefühle abzutöten« (S. 119). Noch als erwachsene Frau seufzt sie oder runzelt bei der Lektüre manchmal die Stirn (vgl. S. 62).

Alle Widersprüche finden, wenn nicht eine Lösung, so doch eine Erklärung in der »kurze[n] Geschichte« (S. 43), die Agnes dem Erzähler bei dessen erstem Besuch in ihrer Wohnung zu lesen gibt. Es ist die expressionistisch anmutende Kurzerzählung von einem Identitätsverlust. Eine Frau erkennt sich selbst nicht mehr, weil sie ihr unablässiger Begleiter so sehr ausfüllt, dass sie selbst im Spiegel *»nur ihn«* sieht (S. 42). Die Sätze der Geschichte sind parataktisch, der Stil ist sachlich unterkühlt, die Form geschlossen; der Text endet so, wie er beginnt. Er zeugt vom Gefühl der Entfremdung *(»Er schläft mit mir, ohne mich zu berühren«)* und stellt eine radikale Selbstdeutung dar, die den Erzähler einigermaßen ratlos zurücklässt, weil sie sich nicht mit seinem eigenen Bild von Agnes deckt. Bemerkenswert ist, dass er dennoch nicht auf die Idee zu kommen scheint, den Text in seiner Erzählung zu unterdrücken. In dieser Geste und in seinem nachträglichen Lob für den Text liegt eine insgeheime Bestätigung seines Unvermögens, Agnes durch seine eigene Sicht auf sie gerecht zu werden.

Das gleiche geheime Eingeständnis scheint auch der verstörende Tagtraum des Erzählers von Agnes im 17. Kapitel auszudrücken (vgl. S. 80–82). Er enthält starke Affektbilder: Verfolgung, Wahnsinn, Angst und Wut. Agnes erscheint hier als mutige Schwester der Frauenfiguren aus den Eheromanen des 19. Jahrhunderts. Anders als Flauberts *Madame Bovary*, Fontanes *Effi Briest*, Tolstois *Anna Karenina* tauscht sie die Rolle mit dem Mann und verkündet ihm Wahnsinn und Tod.

Agnes kann ferner als Opfer ihrer Natur betrachtet werden: Sie erkältet sich schnell, sie wird ohnmächtig, sie braucht viel Schlaf. Das sind Schwächezeichen, die auf die Grenzen eines naturwissenschaftlichen Weltbilds weisen, demzufolge der Mensch seine Natur beherrschen kann. Es ist umgekehrt: Die Natur beherrscht Agnes. Sie tritt in die Fußstapfen der weiblichen Opfergestalten in der klassisch-romantischen Literatur, deren Ohnmachten Ausdruck ihrer Gefühlsüberforderung und fehlenden Handlungsmöglichkeiten sind. Man kann an Gretchen in Goethes *Faust I* (1808) denken, die von Faust verführt und verlassen wird und ihr ungeborenes Kind tötet, oder an die ebenfalls am Ende sterbende Agnes-Figur in Kleists erstem Drama *Die Familie Schroffenstein* (1802).

Eine wichtige Spur zur Erschließung oder auch ›Entschlüsselung‹ der Agnes-Figur führt schließlich über die Paratexte von Peter Stamms Roman. Paratexte sind nach der Definition des französischen Erzählforschers Gérard Genette aus der erzählten Geschichte ausgelagerte ›Beiwerke‹ des Buchs: der Titel, das Motto oder eine Kapitelüberschrift. Die im Titel genannte »Agnes« ist eine Heiligenfigur, die bereits im vierten Jahrhundert verehrt wurde und als Patronin der Jungfrauen und Kinder, der Gärtner und Verlobten gilt; ihr Feiertag ist der 21. Januar. Über ihr historisches Schicksal gibt es nur unsichere Überlieferungen. Legenden erzählen von einem Mädchen aus römischem Adel, das aufgrund seines Glaubens die Ehe mit einem hohen Beamten verweigerte, ins Bordell verbannt, dort aber vor Vergewaltigung beschützt und am Ende mit dem Schwert durchbohrt wurde. Einer anderen Legende zufolge sieht eine Jungfrau am Sankt-Agnes-Abend ihren zukünftigen Ehemann im Traum, wenn sie zuvor bestimmte Rituale befolgt hat. – Auf diese Legende geht das Motto von Peter Stamms Roman zurück. Es zitiert zwei Verse aus der 14. Strophe des 1819 entstandenen, 1820 publizierten

»The Flight of Madeline and Porphyro during the Drunkenness attending the Revelry (The Eve of St. Agnes)« (»Die Flucht von Madeline und Porphyro während des Gelages«). Gemälde von William Holman Hunt (1827 bis 1910) aus dem Jahre 1848.

Versepos *The Eve of St. Agnes* von John Keats (1795–1821): *»St. Agnes! Ah! it is St. Agnes' Eve – / Yet men will murder upon holy days.«* («St. Agnes! Ja! Es ist Sankt-Agnes-Abend, / Doch Männer morden auch an heiligen Tagen.«) Keats erzählt in seinem gedanklich sehr anspruchsvollen und schwierigen Gedicht von der Liebe zwischen dem Ritter Porphyro und der jungen Madeline, die untereinander verfeindeten Familien angehören (ein offenkundiger Anklang an den Romeo-und-Julia-Stoff). Madeline kennt die alte Verheißung, dass einer reinen Jungfrau in der Sankt-Agnes-Nacht die Vision ihres künftigen Ehemanns geschenkt werden könne, sofern sie sich mit ganzer Seele dem Wunderbaren öffne. In der besagten Nacht dringt Porphyro, der Mann ihrer Träume, in ihr Schlafgemach ein und verbirgt sich dort. So erlebt er als geheimer Beobachter mit, wie Madelines Wesen sich auf himmlische Weise verklärt. Sie erscheint ihm heilig und unerreichbar. Trotzdem unternimmt er, als er hervortritt, den Versuch, sie mit sinnlichen Verlockungen wieder zu sich hinabzuziehen. Sie jedoch ist, nach ihrem Erlebnis einer gleichsam reinen Ekstase, für die irdische Liebe und die körperliche Existenz, hinter der Vergänglichkeit und Tod lauern, für immer verloren. Der Triumph, den die Liebe dennoch feiern kann, liegt darin, dass auch Porphyro schließlich bereit ist, seine irdische Existenz hinter sich zu lassen und Teil von Madelines Traum zu werden. So überwinden sie den Tod und fliehen gemeinsam aus dem Schloss. Der Preis für die Lösung aus allen irdischen Verstrickungen ist allerdings, dass sie aufhören, »Akteure einer erzählbaren Handlung zu sein« (*Kindlers Neues Literatur-Lexikon*, herausgegeben von Walter Jens. München: Kindler-Verlag 1988, Band 9, S. 262).

Zentrale Motive von Keats' Langgedicht lassen sich auf Stamms Agnes-Figur übertragen: Agnes steht für die gefährdete Unschuld, für Jungfräulichkeit, für den Glauben an das Ritual, aber auch für Kälte; der Erzähler bricht wie Porphyro in ihr Domizil ein und versucht günstige Situationen auszunutzen. Peter Stamms Motto thematisiert »die Überwindung der Realität durch die Fantasie« (Wahl, S. 56). Es verweist auf die der Agnes-Legende eingeschriebene Spannung zwischen Kälte und Liebe, Leben und Tod, Hoffnung und (Ent-)Täuschung. Agnes (der Name bedeutet ›die Reine‹) ist eine Märtyrerin, ein Opfer, das aber selbst durchaus über einen eigenen und starken Willen verfügt. Sie hat frühe Verwandte in Peter Stamms *Blitzeis*-Erzählungen (1999), und zwar die vom Leben enttäuschten Frauen Evelyn in »Was wir können« und Larissa in der Titelerzählung. Was von Agnes bleibt, sind Filmbilder – und eine Geschichte.

Louise

Liebesromane bedürfen, wenn sie spannend sein wollen, einer dritten Person. In vielen Romanen des 19. Jahrhunderts mit weiblichen Titelheldinnen ist das ein zweiter Mann, der sich in eine bestehende Ehe drängt und die bürgerliche Tugend der Treue auf die Probe stellt. In der emanzipierten Literatur des 20. Jahrhunderts ist es häufig eine zweite Frau, die als Störenfried einer festen Partnerschaft ins Spiel kommt und als Gegenentwurf zur ›ersten‹ Frau angelegt ist. Ein Beispiel dafür ist die Polin Iwona in Peter Stamms Roman *Sieben Jahre*. In *Agnes* heißt die Nebenbuhlerin Louise. Sie kommt aus einem gehobenen Elternhaus in einem noblen Villenviertel von Chicago. Ihr Vater, von dem sie einen »leichten französischen Akzent« geerbt hat (S. 84), ist ein französischer Kornhändler (vgl. S. 85). Ihre Mutter stammt aus einer alteingesessenen Familie, der Großvater ihrer Mutter war »Chefredakteur der *Chicago Tribune*« (S. 101). Obwohl sie als Public Relations-Referentin in der Pullman Leasing arbeitet, »einer Firma, die Güterwagen vermietet« (S. 85), wohnt sie noch in ihrem Elternhaus, wo sie ein eigenes Apartment hat. Sie gibt sich wählerisch gegenüber Männern, weil sie »einen Ruf zu verlieren« hat (S. 144). Ihr selbstbewusstes Auftreten und ihre spöttische Ironie (vgl. S. 84, 101 und 143) bestimmen auch ihr Verhalten gegenüber dem Erzähler. Sie geht auf ihn zu, gibt ihm ihre private Telefonnummer und bestimmt die Intensität der Affäre (vgl. S. 97 f., 105 und 145). Es scheint, als habe sie alles, was Agnes nicht hat: die Herkunft aus gutem Elternhaus, eine selbstbewusste Sprache (vgl. S. 146 f.), den Habitus einer freizügigen, erotisch offensiven Frau, die nach dem Motto lebt: »Hauptsache, wir amüsieren uns.« (S. 106)

Louise ist unverkennbar als Gegenfigur zu Agnes konzipiert. Insofern bildet der von ihr dominierte Handlungsstrang eine Gegengeschichte zum Agnes-Roman.

Mit ihrer betont unsentimentalen Attitüde nimmt sie auch eine Gegenposition zum Erzähler ein. So mokiert sie sich über die »großen Worte« (S. 146), die der Erzähler macht, bezeichnet Agnes leicht gehässig als »Cinderella«, also als modernes Aschenputtel, und fordert ihn auf: »Bring mir mal einen ihrer Schuhe mit. Vielleicht haben wir dieselbe Größe.« (S. 147) In dem von Charles Perrault und von den Brüdern Grimm überlieferten Märchen erkennt der Prinz am Ende die wahre Cinderella an ihrem Schuh, der ihren Stiefschwestern nicht passt. Louise macht sich so einerseits zu Agnes' böser Stiefschwester, die den ›Prinzen‹ am Ende nicht bekommt; andererseits weist sie mit ihrer Vermutung der identischen Schuhgrößen darauf hin, dass die Frauen für den Erzähler austauschbare Liebesgefährtinnen auf Zeit sind. Das Märchenmotiv dient hier der Andeutung der Wahrheit über den Erzähler.

3 Gehalt

Großstadtroman

Die Affinität von Stadt und Literatur ist beinahe sprichwörtlich. Die Mythen der modernen Großstadt – Einsamkeit in der Masse, Entfremdung, Raumballung, Reizüberflutung, urbane Waren- und Konsumwelt – sind auch die Mythen der modernen Dichtung. Auf diese Weise erzählt sich die Großstadt selbst. Sie wird zum Roman und zum Film, gerade auch in den Formen der Darstellung wie der Montage. In Alfred Döblins mehrfach verfilmtem Roman *Berlin Alexanderplatz* (1929) geben nicht die Menschen den Ton an – im Zentrum der entlassene und wieder rückfällig werdende Strafgefangene Franz Biberkopf –, sondern die Medien, die Werbung und die Technik. Darin ist die ganze Problematik der modernen Metropole zusammengefasst. Sie ist zu unübersichtlich, zu hektisch, zu gefährlich für den Einzelnen, keine bergende Heimat mehr

(»Metropolis« kommt aus dem Griechischen und bedeutet »Mutterstadt«), sondern ein molochartiger Mechanismus, der die Gesellschaft in wenige Reiche und viele Arme spaltet und den Einzelnen in der grauen Masse verschwinden lässt. Davon kann man sich in Fritz Langs *Metropolis*, dem berühmtesten Großstadtfilm, 1927 erstmals präsentiert und auf der Berlinale 2010 in restaurierter Fassung gezeigt, ein gutes Bild machen.

In der deutschsprachigen Gegenwartsliteratur hat der Großstadtroman nach Mauerfall und Wiedervereinigung eine erstaunliche Renaissance erlebt. Berlin – seit 1990 die Hauptstadt der Bundesrepublik – wurde zum Handlungsort und zum Thema vieler Romane. Als interkulturelle Metropole mit wechselvoller Geschichte (Preußen, »Drittes Reich«, geteilte Stadt, neuer Regierungssitz) bietet Berlin Stoff für viele Geschichten. Das zeigen beispielsweise die Preußen- und Berlinbücher von Günter de Bruyn (geboren 1926) und Uwe Timms (geboren 1940) Roman *Johannisnacht* (1996). Hier wird die Stadt zum literarischen Umschlagplatz für deutsche Geschichte, für politische und private Tragödien. Die Großstadt wird zur Heimat des Menschen in der globalisierten Moderne.

Ein Gegentrend ist die zeitgenössische kritische Heimatliteratur, die gegen die Metropole die provinzielle Idylle setzt, aber unter negativen Vorzeichen.

Ebenso sind amerikanische Großstädte in den Mittelpunkt der deutschen Literatur gerückt. Unter ihnen ist neben New York – vor allem seit dem Terroranschlag vom 11. September 2001, etwa in Ulrich Peltzers (geboren 1956) Roman *Bryant Park* (2002) – und Los Angeles – etwa in den Erzählungen von Patrick Roth (geboren 1953) – vor allem Chicago zu nennen. Kirsten Boies (geboren 1950) Jugendbuch *Nicht Chicago. Nicht hier* (1999), das von Gewalt unter Schülern handelt, spielt auf die in den 1920er- und 1930er-Jahren in Chicago grassierende organisierte Kriminalität an. Chicago ist mit knapp drei Millionen Einwohnern im Stadtgebiet die drittgrößte Stadt der USA, eine Metropole mit hoher Bevölkerungsdichte, ausgeprägter Interkulturalität (aufgrund vieler Mischehen nimmt die ethnische Herkunftsdifferenz zwischen Weißen und Afroamerikanern ab), aber starkem sozialen Ungleichgewicht (jeder Fünfte lebt unterhalb der Armutsgrenze).

Chicago wird gleich am Anfang von Stamms Roman *Agnes* als Handlungsort eingeführt. Der Erzähler spricht von einer Stadt, die kalt »wie fast immer« ist. Er wohnt in einem Wolkenkratzer. Sein Blick fällt – im ersten Kapitel – auf die »beleuchteten Spitzen« anderer Hochhäuser, auf die »amerikanische Flagge« und auf die »leeren Plätze«. Die einzigen Bewegungen, die er wahrnimmt, sind das Wehen der Flagge und das Umschalten der Ampeln, »als sei nichts geschehen, als geschehe nichts« (alle Zitate S. 9). Der Erzähler fühlt sich in dieser Welt »fremd«. Seine Neugier beschränkt sich auf die Bestände der Stadtbibliothek von Chicago, wo er für sein Sachbuch über amerikanische Luxuseisenbahnwagen »alte Bände der *Chicago Tribune*« (S. 13) durchforscht.

Dieses Sachthema steht in unmittelbarem Zusammenhang mit dem Großstadtthema. Es waren Eisenbahnnetze, durch die im 19. Jahrhundert Städte auf dem amerikanischen Kontinent miteinander verbunden wurden. Erst die Eisenbahn brachte Handel und Industrie in vielen Städten in Schwung. Wichtig bei dieser Revolution des Verkehrswesens waren die Eisenbahnwagen für Passagiere. Anders als die europäischen Wagen waren die amerikanischen Passagierwagen – allein schon aufgrund der großen Distanzen, die zu überwinden waren – komfortabler und kommunikativer. George Mortimer Pullman (1831–1897) stattete ab 1859 seine Waggons nach dem Modell von Flussdampfern – den Vorgängern der Eisenbahn – aus. Schon die Waggon-Bezeichnung »Palace Cars« spielte auf die »Floating Palaces« jener Dampfer an.

Der aus Pullmanwagen zusammengesetzte Eisenbahnzug erscheint wie ein Dampfer auf Schienen: ›Badezimmer mit Wannen und Duschen, Frisiersalons, Maniküren, Zofen und Diener, Telegraphenbüros, Bibliotheken, die neuesten Zeitschriften sowie Hotel- und Eisenbahnverzeichnisse, Rauchsalons, und natürlich eine riesige Auswahl an Weinen und Spirituosen – all das war in den Luxuszügen der Epoche selbstverständlich.‹ Eine Zeitlang wird auf der transkontinentalen Strecke der Union Pacific eine tägliche Bordzeitung herausgegeben, nach deren Angaben während einer Reise Veranstaltungen wie Gottesdienste und Musikdarbietungen stattfanden, ermöglicht durch zwei in den Waggons installierte Orgeln.

Wolfgang Schivelbusch: Geschichte der Eisenbahnreise. Zur Industrialisierung von Raum und Zeit im 19. Jahrhundert. München und Wien: Carl Hanser Verlag 1977, S. 103.

Doch nicht auf die Eisenbahn konzentriert sich das Interesse des Erzählers, sondern auf den sozialen Konflikt, den Pullmans Vision der Arbeiterstadt heraufbeschwört. Der Erzähler hat sich, wie er sagt, »verrannt« (S. 13) in diesen Streik. Das ursprüngliche Sachbuchthema wird, nach einer kurzen Phase »intensiver« Arbeit (S. 34), zusehends »[o]hne große Lust« bearbeitet und tritt »in den Hintergrund« (S. 67). Im 23. Kapitel begründet der Erzähler, warum er von dem Streik so fasziniert ist. Pullman hatte 1880 für die Arbeiter seiner ›Pullman Palace Car Company‹ eine moderne Musterstadt bauen lassen. Während der Rezession von 1894 senkte er die Gehälter seiner Arbeiter um 25 Prozent, jedoch nicht deren Mieten und die Preise der Waren in den von ihm kontrollierten Geschäften. Das war der Anlass für Streiks und gewalttätige Ausschreitungen, die durch den Einsatz der Armee beendet wurden. Der Streik forderte 25 Todesopfer, 60 Verletzte

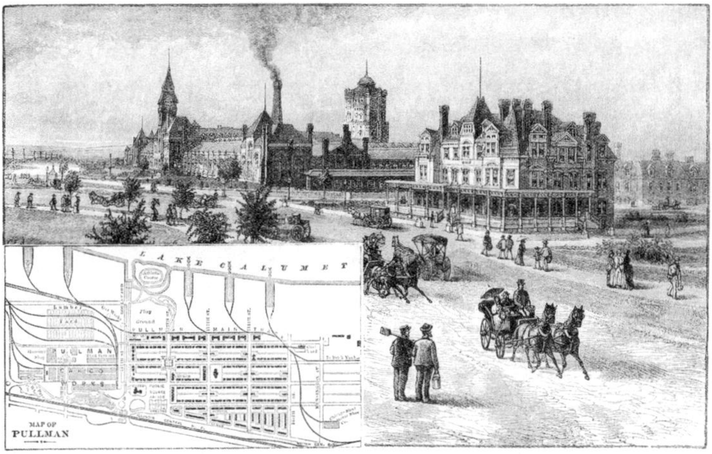

Ansicht und Plan der Modellstadt, die George M. Pullman für die Arbeiter seines Unternehmens errichten ließ (Holzschnitt, 1885).

und einen Sachschaden in Höhe von 80 Millionen US-Dollar. Pullmans Vision einer besseren Stadt in der Stadt für die Arbeiter, einer Idylle in der Metropole, musste scheitern, weil sie die Arbeiter bevormundete.

> Mit allem hatte Pullman gerechnet, nur nicht mit dem Bedürfnis seiner Arbeiter nach Freiheit. Er hatte geglaubt, ihnen ein Paradies gebaut zu haben. Aber das Paradies hatte keine Tür, und als die Zeiten schwerer wurden und die Arbeitsplätze knapper, fühlten sich die Arbeiter immer mehr wie Gefangene. (S. 104 f.)

Auch auf dieser sozialgeschichtlichen Ebene tritt das Thema des Konflikts zwischen Glück und Freiheit zutage, das Peter Stamms gesamten Roman kennzeichnet. In der (amerikanischen) Großstadt des späten 20. Jahrhunderts scheinen diese Werte unvereinbar zu sein. In dem Streik, der heute »keinen«

mehr kümmert (S. 106), erkennt der Erzähler sein eigenes Problem. Auch er rebelliert auf übertriebene Weise »gegen die absolute Kontrolle« (S. 144) seines Lebens durch einen anderen Menschen. Darüber hinaus ist er der Auffassung, in der Gegenwart ereigne sich »in globalem Ausmaß dasselbe wie vor hundert Jahren in Pullmans Musterstadt«, was »über kurz oder lang zu Unruhen führen« werde (S. 145). Ob der Wunsch nach kontrollierbarem Glück und das Sicherheitsdenken der Gesellschaften der westlichen Welt dem Druck von Terror und Katastrophen standhalten können, darüber kann man natürlich trefflich streiten. Die Position des Erzählers in *Agnes* liefert jedenfalls interessante Argumente, um über das begrenzte Glück individueller Freiheit einerseits und die Freiheit von sozialen ›Zwangsbeglückungen‹ andererseits nachzudenken.

Geschichte in der Geschichte

Was wäre der Roman *Agnes* ohne die in ihm enthaltene Agnes-Erzählung? Eine melancholische Liebesgeschichte mit Höhen und Tiefen, eine ›sachliche Romanze‹, nicht mehr. Das Salz im Werk liefert erst die zweite Agnes-Erzählung, die der Erzähler während seiner Beziehung aufschreibt und dem Leser sparsam mitteilt. Die in den Bericht aufgenommenen Passagen ergeben zusammen nur acht Seiten des Romans, was etwa zwölf Prozent des Gesamttexts entspricht. Der Leser erhält also nur einen begrenzten Einblick in einen Text, der manchmal »viel zu lang« erscheint (S. 57) und am Ende zu einem »kleinen Heft« zusammengebunden wird (S. 139). Der durch Kursivdruck vom übrigen Romantext abgehobene Text wird oft kommentiert (so im 11. Kapitel), aber eben nur auszugsweise mitgeteilt (in den Kapiteln 9, 10, 13, 17, 21, 24, 30, 31 und 35); Beginn und Ende dieser Passagen sind oft abrupt abgeschnitten (vgl. S. 80 und 108).

Wie soll man diese Geschichte in der Geschichte nennen? Der Erzähler bietet für den fertigen Text den angesichts des doch eher schmalen Umfangs übertriebenen Ausdruck »Buch *Agnes*« an (S. 138). Der französische Schriftsteller André Gide (1869–1951) hat in seinem *Journal 1889–1939* (1948) den Begriff der »Mise en abyme« (wörtlich: »in einen Abgrund setzen«) eingeführt, der aus der Wappenkunde stammt und ein Bild im Bild meint: ein Werbeplakat, auf dem das Produkt im Bild dieses Produkts nochmals zu sehen ist, oder ein Werk, das in einem anderen Werk erwähnt wird (wie das »Märchen von den drei Brüdern« im siebten *Harry Potter*-Band). In der romantischen Literatur war die »Mise en abyme« ein beliebtes Erzählverfahren. Als eine Spielart der Metafiktion führt sie vor Augen, dass die literarische Fiktion meistens zwar räumliche, zeitliche und figurale Bezüge zur Wirklichkeit hat, aber eigentlich Welten erbaut, die ausgedacht, erfunden, wenn auch nicht erlogen sind. Wichtig ist der Aspekt der Selbstbezüglichkeit. Mindestens ein Element der übergeordneten Ebene muss auf der unteren Ebene wieder aufgegriffen werden. So wird in *Agnes* die komplette narrative Konstellation (beide Hauptfiguren, Ort und Zeit) auf die Geschichte in der Geschichte übertragen. Es geht also um eine Spiegelung, die dazu dienen kann, die Illusion der ursprünglichen Fiktion (also des Romans) zu stören, indem eine Alternativgeschichte dazu erzählt wird, die dadurch aber auch das Verständnis des Lesers befördern kann, weil er die erste Fiktion aus dem Blickwinkel der zweiten anders zu lesen beginnt.

Der Auftakt der Geschichte in der Geschichte fällt ins neunte Kapitel. Am Vorabend des Unabhängigkeitstages fordert Agnes den angesichts der eigenen literarischen Versuche verzagten Erzähler auf, er solle eine Geschichte über sie schreiben. Ihre Ermunterung wird durch die Feuer, die im Grant Park brennen, und das Feuerwerk, das beide abends betrachten, illuminiert. Die Hauptfigur – Agnes – steht von vornherein fest. Beide einigen sich auf eine »Geschichte«, nachdem ein »Porträt« oder ein »Gedicht« ausgeschlossen worden ist (S. 48). Hier aber wird die Sache schon mehrdeutig: Es soll eine Geschichte über Agnes werden, es ist aber eine Geschichte, die der Erzähler schreibt – und eine »Liebesgeschichte«, die von ihm und von Agnes gemeinsam handelt (S. 50, vgl. auch S. 124). Der Erzähler kann daher nicht neutral bleiben. Als Ausgleich räumt er der Hauptfigur und ersten Leserin ein Mitspracherecht bei der Geschichte ein (vgl. S. 54 f.), was die Angelegenheit aber zugleich noch komplizierter macht.

Geschichte bedeutet hier sowohl eine reale Ereignisfolge (eine *history*) als auch eine fiktionale Erzählung (eine *story*). Der Motor der Geschichte über Agnes ist zunächst Neugier. Dem Erzähler ist sie eine willkommene Gelegenheit zu erproben, ob er »überhaupt noch fähig« ist, »Geschichten zu schreiben« (S. 50); Agnes dagegen will wissen, was er von ihr hält. Die Kriterien, an denen beide das Gelingen oder Scheitern des Projekts messen, unterscheiden sich ebenfalls. Agnes setzt nicht viel voraus, außer dass die Geschichte »schon stimmen« und außerdem »nett« sein muss (S. 53), während der Erzähler ein »schreibkritisches Bewusstsein« hat (Vollmer, S. 273): Stoffbeherrschung, Lebendigkeit, Gestaltungsfreiheit und Wahrheitsliebe (vgl. S. 56) – das sind seine Kriterien für einen gelungenen Text (vgl. S. 43 und 49). Es sind im Grunde Kriterien der literarischen Fiktion. Sie laufen darauf hinaus, die Unterschiede zur romaninternen Realitätsebene zu markieren. Diese Unterschiede sind Agnes, sobald der Erzähler ihr den Anfang seiner Geschichte vorgelesen hat, ein Dorn im Auge. Weniger stören sie künstlerische Freiheiten wie die Erfindung, dass der Erzähler sie am Tag ihrer ersten Begegnung *»zu einer Tasse Kaffee«* eingeladen habe (S. 54, vgl. S. 15). Vielmehr ärgert sie sich über die Preisgabe ihrer (angeblichen) Gefühle: *»wenn* *sie aufgeregt war, wurde sie rot und wirkte noch verletzlicher als sonst«* (S. 54). Ihr früheres Erröten ist ihr eine peinliche Erinnerung und gehört nicht in die Geschichte. Diese Reaktion zeigt, dass auch die Erwartungen von Agnes an die Geschichte nicht so unkompliziert sind, wie es zunächst den Anschein hatte. Der Erzähler willfährt ihrem Wunsch und verspricht – möglicherweise leicht gereizt und ironisch, das wird nicht deutlich –, sie aus seinem Kopf »neu geboren« zu entlassen: »wie Athene aus dem Kopf von Zeus, weise, schön und unnahbar« (S. 55). Der Vergleich stellt die Figur – und damit auch ihr reales Vorbild – auf ein mythisches Podest. Agnes wird zu einer Kunstfigur, sie wird vergöttert.

In einem regelrechten Schreibfieber, das der realen Verliebtheit nicht nachsteht, bringt der Erzähler »Agnes' Geschichte« (S. 56) zu Papier, konzentriert auf seine Version, in der ihr Freund Herbert keinen Platz hat. Spät »im August« erreicht die Geschichte in der Geschichte die »Gegenwart« (S. 57), was dem Erzähler bewusst macht, wie »konkret und spürbar [die Zeit] in ihrem Vergehen« ist (S. 61). Doch wie soll es weitergehen, wenn der Erinnerungsstoff ausgeschöpft ist? Die Lösung lautet: Die Erzählung befreit sich von den Vorgaben des Erlebten und erwacht »zum Leben«. Sie stößt in die Zukunft vor, und der Erzähler weiß genau, »was geschehen wird« (S. 63). Er wird zum Wahrsager und Regisseur des gelebten Lebens, der seine Prophezeiungen von Agnes in der Wirklichkeit nachspielen lässt. Wenn er eine Szene mit ihr im blauen Kleid beschreibt, muss Agnes auch in diesem Kleid auftreten. Die Agnes-Geschichte wird zum imperativischen »Drehbuch« (Schmid, S. 80 f.), das keine Abweichung duldet. »Befehl ist Befehl«, kommentiert Agnes ihr Auftreten im »blaue[n] kurze[n] Kleid«, obwohl es an diesem Tag »kühl« ist (S. 64). Die Figuren agieren nach Vorschrift, die Dichtung schreibt das Leben – und der Erzähler übernimmt das Kommando.

Was aber geschieht, wenn die Ereignisse nicht so ablaufen, wie sie der Erzähler gerne hätte? Nach dem Entschluss, zusammenzuziehen, schreibt die Agnes-Geschichte eine romantische Sternennacht auf dem Dach vor. Doch es regnet, und Agnes fängt sich eine Erkältung ein (vgl. S. 66).

Auch wirkt das Spiel mit der Zukunft bald ermüdend; »wir waren beide keine guten Schauspieler«, meint der Erzähler, »und unser gleichmäßiges Leben eignete sich nicht dazu, beschrieben zu werden«. Er glaubt, dass »etwas passieren« müsse, damit »die Geschichte interessanter« werde (S. 68). Ein Versuch, mit einem fiktionalen Heiratsantrag eine neue Phase (auch der realen Beziehung) einzuleiten, schreibt sich leicht nieder, löst im Erzähler aber gleich darauf zunächst Ratlosigkeit und dann eine erschreckende Tagvision aus, die er sofort festhält (vgl. S. 80 f.). Agnes befindet sich in einem »engen Treppenhaus« (S. 80), sie lehnt den Heiratsantrag »ängstlich und wütend« ab, läuft vor dem Erzähler davon und flüstert ihm zuletzt durch eine verschlossene Tür zu: »Du bist tot.« (S. 81) Die Rollenverteilung ähnelt der in Agnes' Kurzgeschichte (vgl. S. 42); auch hier ist der Erzähler der Verfolger, Agnes die Flüchtende. In beiden Texten bricht sich eine angstbesetzte Seite der Beziehung zwischen Agnes und dem Erzähler Bahn, die in der Agnes-Geschichte lange Zeit keinen Platz haben darf.

In der Folge nehmen die Gegensätze und Widersprüche zwischen der Romanhandlung und der Agnes-Geschichte zu. Auf das verpatzte Schwangerschaftsgespräch (im 19. und 20. Kapitel) antwortet eine versöhnliche Fiktion (vgl. S. 99). Diese wird – noch vor der Wiederversöhnung des Paars – als Heile-Familienwelt-Geschichte fortgesponnen; das Kind wird geboren, mit dünnem Haar wie der Erzähler (vgl. S. 107 und 142), und nach Strich und Faden verwöhnt. Für Agnes ist diese Fiktion ein Trost nach der sie stark belastenden Fehlgeburt (vgl. S. 131). Wie der Erzähler, der im Schwangerschaftskonfliktgespräch Agnes in der dritten Person anredet (vgl. S. 89 f.), verwechselt Agnes die Ebenen der Geschichte, sie vertauscht Fakten und Fiktion: »du mußt uns das Kind machen« (S. 116). Das kann nicht lange gut gehen. Als Agnes sich im Schlafzimmer von Fensterputzern beobachtet fühlt, erkennt sie: Ein Kinderzimmer einzurichten für ein Kind, das sie verloren haben, ist eine »Lüge« und »krank« (S. 119). Das Projekt der glücklichen »Familiensaga« (S. 116) findet entsprechend schnell ein Ende.

Bei der gemeinsamen Zukunftsplanung am Ende des 28. Kapitels stellt sich schließlich der Eindruck ein, dass Agnes und auch der Erzähler ein *»happy ending«* (S. 124) nur noch in der fiktiven Geschichte, nicht aber mehr in ihrer realen Beziehung für möglich halten.

Die letzte Stufe der Geschichte in der Geschichte ist ihr Ende. Von diesem Ende gibt es zwei unterschiedliche Fassungen. Eine, die sogenannte Fassung »Schluß2« (S. 135), entsteht wie in Trance: Der Erzähler beschreibt abermals eine Vision, in der die frierende Agnes nun in einen Zug steigt, aber diesmal ohne rationale Kontrolle. Man bezeichnet das als automatisches Schreiben, als *écriture automatique* (vgl. S. 132). Diese Version aber wird am nächsten Tag durch einen anderen, freundlichen, ja euphorischen Schluss ersetzt (wunderbare Weihnachtstage, Anstoßen auf die Zukunft an Silvester). Das Schreiben erfolgt diesmal »bewußter«, kontrollierter (S. 135). Gleichwohl ist keiner von beiden zufrieden mit dem glücklichen Ende. Heimlich fügt der Erzähler den »Schluß2« wieder ein, den er für den »einzig mögliche[n]« und »einzig wahre[n]« Schluss hält (S. 139): Agnes fährt nach Willow Springs, das eine Zugstunde von Chicago entfernt ist, und legt sich im nächtlichen Winterpark in den Schnee (vgl. S. 150 bis 152). Diesen Text liest Agnes vermutlich; neben dem Computer steht ein Sandwichteller (vgl. S. 152). Der Erzähler kann nur noch das Verschwinden von Agnes feststellen.

Eine Verbindung zwischen der Romanhandlung und dem »Buch *Agnes*« wird auch durch die erzählte Zeit gestiftet, die vom Kennenlernen in der Bibliothek im April bis zum Neujahrstag reicht, also genau neun Monate umfasst. Diese Spanne entspricht der Dauer einer Schwangerschaft. Indem der Erzähler die Geschichte von Agnes aufschreibt, macht er sie zu seinem »Geschöpf« (S. 62). Doch »mit der Geschichte endet auch das Leben« der erfundenen Person. So sieht es zumindest Agnes. Weil sie sich mit der Figur identifiziert, erlebt sie deren Verschwinden gleichsam als eigenes Sterben. Aus dieser Verstrickung müsse sich der Leser selbst befreien. Dann erwache er »frei, wie neugeboren« aus dem »bösen Traum« (S. 120).

Zusammenfassend kann man sagen, dass die Geschichte in der Geschichte den Horizont der Gegenwart durch die beiden Ebenen der – selektiv und subjektiv – erinnerten Vergangenheit und der – erhofften und gefürchteten – Zukunft erweitert. Sie verwandelt die Liebesgeschichte in eine Liebestod-Geschichte. Sie zerstört die Illusion einfachen Glücks und gibt den Blick frei auf die Unzuverlässigkeit des Erzählers. Sie stellt nicht die Kausalfrage der Realitätserfahrung (»Warum?«), sondern die Frage nach der Bedeutung der Fiktion: »Was wäre, wenn?« (Schwahl, S. 105) Die Geschichte in der Geschichte ist ein »Liebestagebuch« (Schwahl, S. 100), ein »Spiel« (S. 68) mit vorgefertigten Rollen und ein Beziehungsdrehbuch, ein Selbstverständigungsbuch und eine Todesurkunde. Vor allem aber macht sie die Bedeutung der Literatur bewusst. Romane mögen Lebensratgeber, können aber keine unmittelbaren Wegweiser sein. Sie dienen der Wahrheitsermittlung, haben aber auch Gewalt über den Leser (vgl. S. 120). Deshalb lässt der Erzähler einmal einen Roman zugunsten des Lebens liegen, ohne sich »um das Ende zu kümmern« (S. 140).

Identität und Bilderproblematik

Identität bildet sich durch die Frage: Wer bin ich? Aber auch: Wie bin ich der geworden, der ich bin, und was will oder kann ich werden? Der Erzähler in Peter Stamms *Agnes* ringt mit seiner Identität. Er ist unzufrieden mit seinem Brotberuf als Sachbuchautor und hadert mit seinen literarischen Ambitionen. Er ist ein Heimatloser, der nicht weiß, ob er in seinem Geburtsland, der Schweiz, zu Hause ist oder in den USA. Was aus ihm wird, nachdem Agnes verschwunden ist, erfährt der Leser nicht. Im Grunde hat der Erzähler mehrere Identitäten (als einsamer Großstadtwolf, als Liebender, als Sozialforscher, als Geschichtenerzähler), die er den jeweiligen Kontexten anpasst. Diese multiple Identität ist im Zeitalter von Avataren und virtuellen Realitäten nichts Ungewöhnliches.

Vorbild für die Identitätsfrage in Peter Stamms Roman *Agnes* ist Max Frisch (1911–1991), der Übervater der Schweizer Literatur nach 1945. Frischs Romane *Stiller* (1954), *Homo faber* (1957) und *Mein Name sei Gantenbein* (1964) werfen in je eigenen Variationen die folgenden Fragen auf: Was wäre, wenn einer sein Leben neu erfinden könnte? Und: Wie viele Ichs verträgt eine (Lebens-)Geschichte? Auch *Andorra* (1961), Frischs erfolgreichstes Stück, kreist um die Frage, ob man sich ein Bildnis vom anderen machen darf – und führt vor Augen, wie drastisch die Folgen sind, wenn man es versucht: Ausgrenzung, Isolation, Gewalt und Tod ereilen den vermeintlichen Juden Andri, der den Vorurteilen seiner Umwelt ausgeliefert ist, die ihm dadurch aufgenötigte Rolle schließlich annimmt und so zum Opfer des Bilds wird, das sich andere von ihm machen.

Auch Agnes erliegt am Ende dem Wunschbild des Erzählers, das dieser für das »einzig wahre« (S. 139) hält. So wirkt er, der sich so gerne Bilder von anderen Frauen macht, aber selbst keine klare Identität hat, als »verlorenes Kind Stillers« (Andreas Isenschmid, in: *Die Zeit*, 8. Oktober 1998).

In *Agnes*, so Peter Stamm, sei es ihm »um die Bilder« gegangen, »die wir uns von anderen Menschen machen«.

> Man lebt in Beziehungen oft nicht so sehr mit der geliebten Person als mit dem Bild, das man sich von dieser Person gemacht hat. Ich glaube, das ist der Grund für einen großen Teil der Beziehungsprobleme. Die Bilder im Kopf sind oft stärker als die Realität. Es ist verblüffend, wie sehr die Realität von diesen Vorstellungen abweichen kann, bevor wir es merken. (KI, S. 402)

Natürlich ist es nicht zu vermeiden, dass sich Menschen ein Bild voneinander machen, wenn sie sich näher kennen- und lieben lernen. Riskant wird es aber, wenn diese Vorstellungen die Wirklichkeit dominieren, wenn Erwartungen überhöht und Rollen zugewiesen oder übernommen werden, die man eigentlich nicht spielen möchte. Mit diesen Bildern vom anderen beginnt der Liebesverrat.

Liebe heißt Verwandlung, Entwicklung, Entfaltung und ist insofern für Frisch, dessen Frauenbeziehungen diese Auffassung eindrücklich spiegeln, das Gegenteil von einem festen Partnerbild. Liebe bedarf der »Schwebe des Lebendigen« (vgl. die gegenüberliegende Seite). In Bildern verfestigen sich dagegen enttäuschte Erwartungen und zerstörte Hoffnungen.

Für den Erzähler in *Agnes* ist es zur Routine geworden, sich ein Bild von seinen Partnerinnen zu machen und sie seinen Vorstellungen anzupassen. Das Mittel dazu sind die Geschichten, die er niederschreibt. Eine ehemalige Freundin hat sich von ihm getrennt, »weil sie sich in einer der Geschichten wiedererkannt hatte« (S. 50) – sagt er. Dies ist auch positiv zu verstehen: Die Selbsterkenntnis ist eine der Aufgaben der Literatur, die in der »Kunst« besteht, »die richtigen Bilder zu finden in der Fülle der falschen« (WP, S. 52).

Du sollst dir kein Bildnis machen

Es ist bemerkenswert, daß wir gerade von dem Menschen, den wir lieben, am mindesten aussagen können, wie er sei. Wir lieben ihn einfach. Eben darin besteht ja die Liebe, das Wunderbare an der Liebe, daß sie uns in der Schwebe des Lebendigen hält, in der Bereitschaft, einem Menschen zu folgen in allen seinen möglichen Entfaltungen. Wir wissen, daß jeder Mensch, wenn man ihn liebt, sich wie verwandelt fühlt, wie entfaltet, und daß auch dem Liebenden sich alles entfaltet, das Nächste, das lange Bekannte. Vieles sieht er wie zum ersten Male. Die Liebe befreit es aus jeglichem Bildnis. Das ist das Erregende, das Abenteuerliche, das eigentlich Spannende, daß wir mit den Menschen, die wir lieben, nicht fertigwerden: weil wir sie lieben; solang wir sie lieben. [...]

Unsere Meinung, daß wir das andere kennen, ist das Ende der Liebe, jedesmal, aber Ursache und Wirkung liegen vielleicht anders, als wir anzunehmen versucht sind – nicht weil wir das andere kennen, geht unsere Liebe zu Ende, sondern umgekehrt: weil unsere Liebe zu Ende geht, weil ihre Kraft sich erschöpft hat, darum ist der Mensch fertig für uns. Er muß es sein. Wir können nicht mehr! Wir kündigen ihm die Bereitschaft, auf weitere Verwandlungen einzugehen. Wir verweigern ihm den Anspruch alles Lebendigen, das unfaßbar bleibt, und zugleich sind wir verwundert und enttäuscht, daß unser Verhältnis nicht mehr lebendig sei.

»Du bist nicht«, sagt der Enttäuschte oder die Enttäuschte: »wofür ich dich gehalten habe.«

Und wofür hat man sich denn gehalten?

Für ein Geheimnis, das der Mensch ja immerhin ist, ein erregendes Rätsel, das auszuhalten wir müde geworden sind. Man macht sich ein Bildnis. Das ist das Lieblose, der Verrat.

Max Frisch: Tagebuch 1946 – 1949, S. 27f.

Von einer anderen Freundin glaubte er vor Jahren aufgrund eines geplatzten Kondoms ein Kind zu bekommen und beschäftigte sich insgeheim »wochenlang mit meiner künftigen Vaterrolle«. Nachdem sich herausgestellt hatte, dass die Freundin nicht schwanger geworden war, machte er ihr »häßliche Vorwürfe«, die sie nicht einordnen konnte, weil sie eben nur der Frau galten, die in seinen »Gedanken existierte« (S. 92 f.). Auch in diesem Fall führen die falschen Bilder vom anderen zum Scheitern einer Beziehung.

Die Bilder des Erzählers – seine Vorstellungen und Überlegungen sowie die Episoden der Agnes-Geschichte – nehmen mehr Raum ein als der Bericht über die Beziehung zu Agnes selbst. Seine »Fixierung auf das Bildnis« verhindert die »Annäherung an das wahre Gegenüber« (Wahl, S. 75). Dieses Scheitern wird unter anderem deutlich, als der Erzähler auf das private Briefarchiv von Agnes stößt. Von ihm findet sich dort nur »eine nichtssagende Karte« (S. 112).

Entfremdung und Identitätsverlust sind die Folgen des Bildermachens. Die Grenzen zwischen realer Welt und virtueller Realität, Leben und Werk verschwimmen. *»Es war ihr, als tauche sie in den Bildschirm ein, werde zu den Worten und Sätzen, die sie gelesen hatte. Die Hand, die den Computer ausschaltete, schien nicht die ihre, der Körper, der sich anzog, nicht der ihre zu sein.«* (S. 150) In dieser Passage der Agnes-Geschichte wird der Körper zum Avatar, die fiktive Agnes zur reinen Kunstfigur. Der Erzähler hat für sie eine Geschichte erfunden, die nur noch mit dem Tod der Figur enden kann.

Agnes' Identität hingegen – soweit sie sich rekonstruieren lässt – ist klarer. Von der erfundenen Agnes-Geschichte erhofft sie sich »eine ehrlichere, tiefe Kommunikation mit ihm« (KI, S. 402), dem Erzähler. Agnes geht es um Selbsterkenntnis auf dem Umweg über Fremderkenntnis. Sie braucht das fremde Bild von ihr, um sich ihres eigenen zu vergewissern.

Liebe und Glück in der Gegenwartsliteratur

Zeitbeständige Liebe und unbescholtenes Glück: Diese Themen sind seit der Aufklärung weitgehend aus der Literatur verschwunden. Das hängt mit dem Wandel der gesellschaftlichen Wirklichkeit und der Medienwelt zusammen. Die erfüllte Liebe ist insbesondere in der heutigen sexualisierten Medienwelt auf den Augenblick konzentriert. Das Glück wird zwar noch als dauerhafte *Eudämonie* (im Sinne von Aristoteles als glückselige Lebensführung) versprochen – aber dieses Versprechen wird nur noch punktuell eingelöst.

Schon in der Sprache unterscheiden wir zwischen ›glücklich sein‹ und ›Glück haben‹. Wie rasch und unvorhersehbar Liebe und Glück ins Gegenteil umschlagen können, zeigen die Werke des Katastrophenspezialisten Heinrich von Kleist (1777–1811). Nach den kleineren Katastrophen des Alltags fragt Kurt Tucholskys (1890–1935) Berliner Mundartgedicht *Danach*: Warum »wird nach einem happy end / im Film jewöhnlich abjeblend«? Ganz einfach: Im Alltag gibt es Streit oder Langeweile, das Kind schreit, die Milch kocht über. Lieber lassen Romanautoren die liebenden Helden am Ende, wenn auch nicht entsagen, so doch mit ihren Nöten alleine, lieber lassen sie Glücksentwürfe ihrer Figuren an den Verhältnissen, die nicht so sind, wie sie sein sollen, zerbrechen, als dass sie dem Publikum zumuten, daran zu glauben, dass eine leidenschaftliche Liebe von Dauer sein könne.

Ein einheitliches Glückskonzept kann man von zeitgenössischen Liebesromanen jedenfalls kaum mehr erwarten. Aus den thematischen Variationen des Konflikts zwischen individuellem Glücksanspruch und gesellschaftlichen Normen – in der Literatur des 18. und 19. Jahrhunderts – sind »dramatische Untersuchungen über die Einsamkeit des moralischen Subjekts in der Moderne geworden« (Peter von Matt: *Liebesverrat. Die Treulosen in der Literatur.* 7. Auflage. München: Deutscher

Taschenbuch Verlag 2008, S. 419). Die Schriftsteller lassen ihre versehrten Figuren spüren: Reichtum macht nicht automatisch glücklich, in der rechten Liebesdosierung kann mehr Gewinn als im erotischen Dauererfolg liegen. Es geht ihnen um die Zerbrechlichkeit der Liebe, aber auch um die Sehnsucht nach dauerhaftem Glück.

Die programmatische Bedeutung des Glücks in der Literatur zeigt Wilhelm Genazinos (geboren 1943) Roman *Das Glück in glücksfernen Zeiten* (2009). Der Held, Gerhard Warlich, ein promovierter Philosoph, hat sich ganz fachfremd zum Wäschereichef hochgearbeitet. Er hat die Suche nach Liebe und Glück aufgegeben. Schon der Gedanke an eine Heirat mit seiner attraktiven Gefährtin und an eine Familiengründung schreckt ihn ab. Lieber beobachtet er kleinste Dinge und findet darin ein – für Außenstehende schwer nachvollziehbares – Wohlgefallen. Am Ende landet Warlich in einer Anstalt. Mit der Diagnose, dass »der Mensch zu seinem Unglück ein bloß abwartendes Verhältnis« hat, verabschiedet Genazino seinen Helden.

Peter Stamms Figuren haben ein melancholisches Verhältnis zu Liebe und Glück. Verena Auffermann spricht in ihrer Laudatio auf Peter Stamm anlässlich der Verleihung des Rauriser Literaturpreises (1999) davon, dass sich das Unglück in seinen Erzählungen im »Tempo der Melancholie« anschleiche. So sehr Stamms Figuren sich das Glück ersehnen, so sehr stehen sie doch hauptsächlich unter dem Eindruck, dass eben dieses Glück ausbleibt. Ihre Glückssuche beginnt mit dem Nachdenken über die Liebe. Dabei bedürfen sie glücklicher Augenblicke, um aus der Vereisung und Vereinsamung ihres geregelten Lebens auszubrechen. In *Agnes* gibt es diesen Augen-Blick im Wortsinn: Als der Erzähler von seinen Büchern aufschaut, trifft er »ihren Blick« (S. 13). Die Affäre erreicht mit der Liebesnacht schnell einen ersten Höhepunkt, der jedoch – am Anfang des fünften Kapitels – nur angedeutet wird. Der Erzähler wird zu Agnes' »Freund« (S. 47), eine minimalistische Bezeichnung, die am Ende bekräftigt wird (vgl. S. 134). Der zweite Höhepunkt ist ein »beängstigende[s] und zugleich berauschend schöne[s] Gefühl« (S. 59), das der Erzähler erlebt, als er die schlafende Agnes betrachtet. Beschreibbar ist hier nur das Glücksgefühl, nicht das Liebeserlebnis; das klassische Liebesgeständnis klingt ungenügend (vgl. S. 59 f.) oder verlogen (vgl. S. 90). Dieses einsame Erlebnis entspricht dem, was der Autor im Interview »ein Lebensgefühl, eine Lebenseinstellung« genannt hat (KI, S. 403) und was in einer seiner Erzählungen als »Einstellungssache« bezeichnet wird (»Alles, was fehlt«, in: *In fremden Gärten*, S. 92). Im Gegensatz zu dieser Treue zum Glück steht das besitzergreifende, egoistische Glück: »das zu wollen, was man kriegt«, wie es in Stamms Erzählung »Das schönste Mädchen« beschrieben ist (*Blitzeis*, S. 97).

Diese besitzergreifende Form des Glücks spielt schon mit in die zweite Situation erfüllten Glücks hinein, den Liebesmorgen im Hoosier Nationalpark (vgl. S. 75). Er ist Teil einer Phase, in welcher der Erzähler eine »fast körperliche Abhängigkeit« von Agnes verspürt, sie gar nicht »oft genug sehen« kann und »etwas Fremdes, Unverständliches« (S. 61) in sich eindringen fühlt. Jetzt ist die Liebe beschreibbar, aber ohne Glück. Es ist die Zeit, in der sich die Liebenden ihrer Unterschiedlichkeit schmerzhaft bewusst werden und in der das Zusammenleben zur Routine gleichbleibender Tage schrumpft. Insofern sind die üblichen Stationen des Zusammenlebens – Agnes zieht in die Wohnung des Erzählers (13. Kapitel), er macht ihr in seiner Erzählung einen Heiratsantrag (S. 80) – schon Vorzeichen der Krise. Sie ereignet sich in der Mitte des Romans, als beide zu Halloween erstmals getrennte Wege gehen und sich tags darauf im Gespräch über die unerwartete Schwangerschaft von Agnes entzweien (18. und 19. Kapitel). Das Wiedersehen und die Wiederversöhnung, die sinnreich mit Weihnachten zusammenfallen (29. Kapitel), erzeugen ein liebloses Glück und eine unglückliche Liebe. Agnes schläft mit dem Erzähler als »Geschenk« (S. 128), sein »Gefühl der Fremdheit« (S. 135) wächst, ihre Gespräche führen aneinander vorbei (vgl. S. 128 f.). Mit dem Alleinbesitzanspruch von Agnes' Liebe kann der Erzähler nichts anfangen: »Weil ich dich liebe, nur dich. Auch wenn du es nicht glauben willst«, sagt sie (S. 129). Ihm ist Freiheit wichtiger als Glück (vgl. S. 110). In der Schilderung solcher Unvereinbarkeiten entromantisiert Peter Stamm die Liebe, ohne ihren Glücksanspruch aufzugeben.

Liebe: Das ist in der Gegenwartsliteratur – und in Peter Stamms Werken – vor allem ein Sprechakt, eine Handlung, die sich im Gespräch, in der Beschreibung vollzieht. Sie wird sichtbar in kleinen Zeichen für große Gefühle. Diese Zeichen sind erlernbar, bleiben aber interpretationsbedürftig. Es sind vor allem sprachliche Zeichen. Meistens drücken diese Liebessprachzeichen ein Problem der Kommunikation aus, das es zu entschlüsseln gilt. Liebe ist codierte Intimität. Damit lässt sich eine Grundtendenz der Liebesliteratur benennen. Der Soziologe Niklas Luhmann hat das auf die Formel *Liebe als Passion* (so der Titel seines 1982 veröffentlichten Buchs über die »Codierung von Intimität«) gebracht. Liebe als Passion umfasst Leid und Lust, Unglück und Glück zugleich.

IV Exemplarische Interpretationen

1 Was bedeutet das Bild von Seurat im Roman?

Im 14. Kapitel hat Peter Stamms Roman den ersten Höhepunkt bereits überschritten. Agnes ist beim Erzähler eingezogen, die fiktive Agnes-Geschichte hat die Liebesgeschichte überholt und erschöpft sich in »Szenen«, die so »gleichmäßig[ ]« sind wie das Leben, das sie diktieren (S. 68). Weil die Fiktion inzwischen jedoch die Oberhand über die Realität gewonnen hat, bleibt diese unverändert. Auf der Suche nach »glücklichen Menschen« gehen Agnes und der Erzähler nicht in sich. Sie konsultieren die Kunst. »Wir gingen ins Art Institute of Chicago und suchten, ob wir [...] ein Bild von glücklichen Menschen« fänden (S. 68).

Sie landen vor dem Gemälde *Un dimanche d'été à l'Ile de la Grande Jatte* (»Ein Sonntagnachmittag auf der Insel La Grande Jatte«) des französischen Neoimpressionisten Georges Seurat (1859–1891). Das in den Jahren 1884 bis 1886 entstandene Leinwandgemälde mit immensen Ausmaßen (207 mal 308 cm) ist Seurats größtes und bekanntestes Bild. Erstmals ausgestellt wurde es bei der ›Achten Impressionismusausstellung‹ in Paris im Mai und Juni 1886, die zugleich die letzte war. Daran hatte das Bild durchaus Anteil, weil der Maler hierin den Impressionismus überwindet und als Naturalist mit neuen Mitteln auftritt. Seurat profitierte vom Studium der Natur und der pointillistischen Methode. Er war als Rechner unter den Malern bekannt, einer seiner Spitznamen lautete »Notar« (vgl. Louis Hautecoeur: *Seurat*. München: Schuler Verlag 1972, S. 7). Er suchte die Orte seiner Bilder auf, um ihre Licht- und Farbverhältnisse genauer wahrzunehmen. In ersten Skizzen entwarf er Netze horizontaler und vertikaler Linien, die das Bild gliedern. Die Figuren schob er hin und her, um für sie den geeigneten Platz im Bildganzen zu finden. So ist *Un dimanche d'été à l'Ile de la Grande Jatte* durch zahlreiche Studien vorbereitet: 29 Zeichnungen, 30 Ölskizzen auf Holz und drei auf Leinwand sind die Vorläufer des fertigen Gemäldes.

Entscheidend für die Wirkung des Bildes ist Seurats Maltechnik. Er besetzte die Leinwand zunächst mit ungemischten Farbtupfern, die er im Verlauf der Arbeit auf das Format des Bildes und auf die Position des Betrachters zum Bild abstimmte, weil er die Überzeugung vertrat, dass sich erst auf der Netzhaut des Betrachters die reinen Farben vermischen. Der Eindruck der Farbigkeit entsteht also nicht beim Malen, sondern im Betrachter. Diese Technik, die Seurat ausdrücklich nicht als Stil, sondern als Methode definierte und in dem hier gezeigten Bild erstmals anwandte, revolutionierte die Kunstgeschichte. Man nennt sie Pointillismus oder auch Divisionismus: Aufteilung der Wirklichkeitswahrnehmungen in möglichst kleine Einheiten von Farbe und Form. Dieser Methode liegt die Auffassung der Harmonie der Kunst zugrunde. »Harmonie ist die Analogie der Gegensätze und die Analogie der Ähnlichkeiten von Ton, von Farbe und von Linie, [...] unter dem Einfluß einer Beleuchtung in heiteren, ruhigen und traurigen Kombinationen«, heißt es in einem Brief Seurats vom 28. August 1890 (zitiert nach: Christoph Becker und Julia Burckhardt: *Georges Seurat: Figur im Raum*. Zürich: Zürcher Kunstgesellschaft 2009, S. 41).

Das Bild zeigt einen beliebten Ausflugsort der Pariser Gesellschaft, eine kleine Insel inmitten der Seine zwischen Neuilly und Courbevoie. Ein Panorama der Zerstreuungen des Stadtpublikums tritt vor Augen: über vierzig Menschen, darunter Angler, ein Trompeter, Blumen pflückende Frauen. Auffällig ist, dass alle Personen ruhen; selbst die promenierenden Personen scheinen in der Landschaft zu versinken, nur

»Un dimanche d'été à l'Ile de la Grande Jatte« (1884) von Georges Seurat (oben und unten beschnitten).

das seilspringende Mädchen nicht. Isolation und Reglosigkeit, ja Erstarrung ist der Eindruck, den die Figuren auf diesem Bild machen; demgemäß hat die Kritik vom »Zug der Pharaonen« und »hieratischen Haltungen« gesprochen (Becker / Burckhardt, S. 37). Die Darstellung der Reglosigkeit hat jedoch einen tieferen Sinn. Es geht darum, zu zeigen, wie Menschen zu stillen Objekten der Betrachtung werden und als Statuen in der Landschaft ruhen. Der Ausflugssonntag bekommt dadurch einen verfremdenden Zug. »Mit Seraut dringt die Fremdheit in den Impressionismus ein, – die Distanz, die Differenz, das Erschrecken«, schreibt der Schriftsteller Wilhelm Genazino (ebenda, S. 62).

Dieser merkwürdige Eindruck der »Ruhe« zieht Agnes und den Erzähler an. Das Bild »strahlte eine Ruhe aus, die dem, was wir suchten, am nächsten kam« (S. 68). Doch dieser Gesamteindruck zerfällt beim Nähertreten. Die Bildkonturen verschwimmen. Nur wenn man etwas Abstand hält, geht die pointillistische Maltechnik auf: »Jede Fläche enthielt alle Farben und wirkte erst aus der Distanz als Ganzes.« (S. 69) In dieser Hinsicht ähnelt das Gemälde den Röntgenbildern von Kristallgittern, die Agnes erforscht. »Auf den ersten Blick schienen die Platten gleichmäßig trübe zu sein, aber als ich genauer hinschaute, sah ich im grauen Nebel winzige Punkte in regelmäßigen Abständen.« (S. 44)

Im Gesamteindruck und im Punktuellen ist das Doppelgesicht des Glücks festgehalten. Wie Seurats Bild, so ist auch die Liebe zusammengesetzt aus dunklen und hellen Momenten. Diese gilt es für sich zu beschreiben. Die Gegensätze können sich harmonisch verbinden; will man sie jedoch von nah betrachten und ergründen, dann zerfällt die schöne Einheit. Glück erkennt man erst aus der Distanz, sagt Agnes, also aus der Entfernung und aus der Erinnerung. Ihr Fazit lautet: »Glück malt man mit Punkten, Unglück mit Strichen« (S. 69).

Die Linienführung als Versuch, Zusammenhang zu stiften, zerstört die Liebe. Nicht die rationale Erklärung, sondern nur der poetische Zugang, die Vertiefung in den Moment, vermag der Liebe etwas Dauerhaftes zu geben. In diesem Sinne zitiert der Erzähler die Schlussverse des berühmten 18. Sonetts von William Shakespeare: »*So long as men can breathe, or eyes can see, so long lives this, and this gives life to thee.*« (S. 48) Hier probiert der Dichter einen Vergleich der Geliebten mit einem Sommertag aus und kommt zu dem Schluss, dass allein die bleibenden Verse der geliebten Frau Leben einhauchen.

Agnes und der Erzähler machen sich ganz unterschiedliche Bilder von Seurats Bild. Ihre kurze Bildauslegung spielt wechselseitige Identifikationsmöglichkeiten durch. Der Erzähler hält Agnes für das Mädchen in der Bildmitte, das mit gesenktem Kopf im Schatten sitzt und einen Blumenstrauß in der Hand hält: Agnes als introvertierte, mehr der Natur als den Menschen verbundene Figur. Agnes hingegen sieht sich selbst als das Mädchen im weißen Kleid, das, ebenfalls aus der Bildmitte, aber diesmal aus der Sonne, an der Hand der Mutter auf den Betrachter zugeht: Agnes als Figur in Bewegung, den Menschen zugewandt, in der Farbe von Unschuld und Reinheit. Auch das Selbstbild und das Fremdbild des Erzählers unterscheiden sich. Agnes vergleicht ihn mit dem Affen an der Leine der Frau im Vordergrund, die zumeist als Kurtisane gedeutet wird: der Erzähler als sozial dressierte Kreatur, die sich zum Affen macht. Er selbst sieht sich aber lieber als den Trompeter am Ufer. Unterschiedlich sind auch die Deutungen seines Trompetenspiels. Der Erzähler glaubt, ihm höre niemand zu, Agnes behauptet, dass ihn alle hören. Auch hier spiegelt sich das unterschiedliche Vertrauen in die Macht der erzählten Geschichte. Hat der Erzähler eine geringe Meinung von der Wirkung seiner künstlerischen Fähigkeiten, so traut ihm Agnes ein großes Publikum zu.

2 Wie ist das Ende des Romans zu verstehen?

Der Roman beginnt mit der lakonischen Mitteilung: »Agnes ist tot.« Zu einem »Moment der Verunsicherung« (WP, S. 33) wird diese Aussage durch die gleich im nächsten Satz angegebene Begründung: »Eine Geschichte hat sie getötet.« Dieses Rätsel, die Frage nach dem tatsächlichen Schicksal von Agnes, begleitet den Leser durch das ganze Buch. Erst im letzten Kapitel wird der Eingangssatz relativiert: »Agnes ist nicht zurückgekommen.«

Schreckliches oder harmloses Ende: Der Roman lässt solche extremen Deutungen durchaus zu. Dass Agnes ›ermordet‹ wurde, legt schon das Mördermotiv nahe, das sich wie ein roter Faden durch die im Roman erwähnten Kunstwerke zieht: das Motto von Keats, der Titel des Plakats von Kokoschka (vgl. S. 39), der Krimi von Agatha Christie (vgl. S. 97). Auch der Tod bleibt motivisch immer präsent: durch die tote Frau auf dem Gehsteig (vgl. S. 22), die Grabsteine in der verlassenen Siedlung (vgl. S. 77) oder in Dylan Thomas' Gedicht über die Trauerverweigerung angesichts eines tödlich verunglückten Kindes (vgl. S. 130). Als Mörder kommt nur der Erzähler selbst in Frage. Er ist der Verfasser der Geschichte, die für Agnes' Tod verantwortlich sein soll. Doch wie wörtlich ist diese Behauptung zu nehmen? Das bleibt bis zum Ende offen.

Die Deutungsoffenheit des Schlusses unterstreicht den postmodernen Anspruch von Peter Stamms Roman. Denkbar sind folgende Möglichkeiten:

1. Agnes ist tatsächlich im Schnee gestorben. Sie hat den »Schluss2« am Bildschirm gelesen, während sich ihr Freund mit Louise vergnügt hat, und ist ein letztes Mal seinen An-

weisungen gefolgt, vielleicht, um auf diese Weise Rache an ihm zu nehmen. Der Erzähler müsste sich dann tatsächlich als ihr ›Mörder‹ fühlen. Seine Geschichte hätte Agnes getötet, indem sie ihr die ganze Ambivalenz seiner Gefühle für sie verraten hätte. Agnes hätte den Tod in der Kälte gesucht, weil sie nach dieser Erkenntnis nicht mehr weiter mit ihm hätte leben können und weil ihr ein Leben ohne ihn ebenso wenig denkbar gewesen wäre (vgl. S. 129).

2. Agnes ist nur in der Geschichte gestorben. Sie hat den Text gelesen, sich dann ihren Wintermantel genommen (das spricht gegen einen rational geplanten Kältetod) und die Wohnung – wie auch das Leben des Erzählers – für immer verlassen. Vielleicht war sogar sie diejenige, die den wartenden Erzähler noch einmal angerufen hat; er aber hat den Hörer »nicht abgenommen«, und bevor der Anrufbeantworter anspringt, hört das Klingeln auf (S. 153). Agnes' fiktionaler Schneetod wäre durch das entsprechende Motiv in der Schweizer Literatur inspiriert (vgl. S. 54 dieses Bands), zumal ihr Gang in den Schnee mit ähnlichen Bildern wie in Robert Walsers Roman *Geschwister Tanner* beschrieben wird. Brennend ist der Schnee bei Walser, *»glühend«* ist er für Agnes (S. 152).

3. Agnes ist überhaupt nicht tot, auch nicht in der Geschichte, die mit ihrem Gefühl endet, den Schnee zum Schmelzen zu bringen, nicht mit der expliziten Feststellung ihres Todes. Die Geschichte könnte fortgesetzt werden und davon erzählen, wie Agnes wieder lernt, ohne den Erzähler zu leben.

4. Agnes ist nur für den Erzähler tot: als abgelegte Geliebte, die nicht dem Bild gerecht geworden ist, das er sich von ihr gemacht hat, und die deshalb der Strafphantasie des armselig im Schnee erfrierenden Mädchens ausgesetzt worden ist.

Ihr Tod ist für den Erzähler eine Niederlage im realen Leben, aber eine narrative Notwendigkeit, weil das gemeinsame Glück »keine guten Geschichten« macht (S. 68). Der Tod der Figur bedeutet sozusagen die Geburt des Schriftstellers. Das Erzählen erweist sich als eine »lebensraubende Macht« (Vollmer, S. 280). Das Schreiben hat die ihm zugrunde liegende Liebe nicht gerettet, sondern im Gegenteil unterhöhlt und zerstört. Der Erzähler hat sich gegen das Leben und für die Kunst entschieden.

5. Vielleicht aber hat Agnes auch den Erzähler in gewisser Hinsicht getötet. Sie hat ihn seiner Seelenkälte und seiner oberflächlichen Lebenshaltung innewerden lassen. Das zeigt die Tagtraumvision im 17. Kapitel. Agnes ist eine »Traumfigur« (S. 82), die den Erzähler auf erschreckende Wege der Selbsterkenntnis führt.

Am Ende kehrt Stamms Roman an seinen Anfang zurück. Aber der Plot rundet sich nicht zu einem widerspruchsfreien Ganzen. Viele Fragen bleiben offen, voran die nach der Identität der Hauptfiguren und nach dem Schicksal von Agnes. Der Erzähler stiftet einen Ersatzkonsens in der Fiktion. Seine Rolle bleibt am Ende zweideutig. Er ist der Schöpfer einer eigenen Geschichte, bleibt aber der Sklave seines Geschöpfs. In der Macht des Geschöpfs über den Schöpfer liegt die Wahrheit seines vermessenen Anspruchs einer göttergleichen Schöpfertat. Während der Erzähler von seiner Kopfgeburt (vgl. S. 55), der von ihm phantasierten Figur, nicht mehr loskommt, ist die wirkliche Agnes aus seinem Leben verschwunden.

V Literaturgeschichtliche Einordnung

Die deutsche Gegenwartsliteratur ist ein weites Feld, räumlich und zeitlich gesehen. Sie ist längst nicht nur auf Deutschland beschränkt. Auch aus Österreich und aus den deutschsprachigen Sprachinseln in Prag, aus der siebenbürgischen und der donauschwäbischen Region Rumäniens, aus Czernowitz in der heutigen Ukraine kommen schriftdeutsche Autoren. Herta Müller, die 1953 im banatschwäbischen Nitzkydorf geboren wurde, 1987 aus der rumänischen Diktatur nach Westdeutschland ausreiste und 2009 mit dem Literaturnobelpreis ausgezeichnet wurde, ist die bekannteste unter ihnen. Andere Schriftsteller, die in deutscher Sprache schreiben, leben in Frankreich oder in den Vereinigten Staaten.

In der Schweiz tritt der Sonderfall einer deutschen Teilliteratur zutage. Als »politische Willensnation« (Rusterholz / Solbach) setzt sich die Schweiz aus vier Sprachräumen mit uneinheitlichen Kulturtraditionen zusammen: aus dem deutschen (mit den Zentren Zürich, Bern, Luzern, St. Gallen), dem französischen, dem italienischen und dem rätoromanischen Sprachraum. Das Deutsche an der deutschen Gegenwartsliteratur ist also die deutsche Sprache. Wer ein deutscher Autor ist, entscheidet nicht der Wohnort und auch nicht seine Herkunft, sondern die Sprache, in der er oder sie schreibt. Deutsche Autoren sind in diesem Sinne auch die in Deutschland eingewanderten Migrantenautoren, die eine nichtdeutsche Muttersprache haben und Deutsch erst als »zweite Muttersprache« (Marica Bodrožić) lernten.

Auch die zeitlichen Grenzen der Gegenwartsliteratur sind offen. Da die Gegenwart ein sich ständig wandelndes Phänomen ist, ist es unmöglich, anzugeben, wann die Gegenwartsliteratur begonnen hat. Nach der Jahrtausendwende hat sich das Bild der Gegenwartsliteratur abermals verschoben. Ein Beispiel dafür ist die thematische Rückkehr von Religion und Werteorientierung in die Literatur nach dem New Yorker Terroranschlag vom 11. September 2001.

Die *Neue deutsche Literaturgeschichte* von Peter J. Brenner, die 2011 in der dritten, erweiterten Auflage erschien, gliedert die Makroepoche der »Literatur nach 1945« in die Mikroepochen »Nachkriegsliteratur«, »Nach 1968« und »Berliner Republik« und setzt damit politisch begründete Zäsuren: Nach dem Zweiten Weltkrieg wurde die Literaturszene in den vier Besatzungszonen und ab 1949 in den zwei deutschen Staaten Bundesrepublik Deutschland und DDR rekonstituiert. Nach 1968, dem Jahr der ›Studentenrevolution‹, erfolgte eine vehemente Politisierung und, im Gegenzug dazu, eine Subjektivierung der Literatur, die sich aber bald wieder erschöpfte und in Spielarten des postmodernen Schreibens auslief; spätestens in den 1980er-Jahren zeigte sich dieses Doppelgesicht der zeitgenössischen Literatur, die auf das große Ganze und die Geschichte zielte, aber dabei einzelne Menschen und singuläre Problemstellungen in den Mittelpunkt rückte. Ein Beispiel dafür ist Patrick Süskinds Roman *Das Parfum* (1985), eines der bestverkauften Bücher der deutschen Literatur nach 1945, das von einem Geruchsgenie im Frankreich des 18. Jahrhunderts handelt, das über Leichen geht, nur um den perfekten Geruch zu fabrizieren.

Die ›Berliner Republik‹ wurde 1990 mit dem Vertrag über die deutsche Einheit ins Leben gerufen; die DDR hörte offiziell auf zu existieren, Berlin ist seit dem feierlichen Vollzug der deutschen Einheit am 3. Oktober 1990 deutsche Hauptstadt. Aber auch der durch das Ende des Kalten Kriegs und die deutsche Wiedervereinigung angestoßene europäische Einigungsprozess spielt für die deutschsprachige Literatur eine wichtige Rolle, nicht zuletzt deshalb, weil es in keiner europäischen Sprache so viele publizierte Schriftsteller gibt wie in der deutschen Sprache, die in Europa mit über 100 Millionen Sprachteilnehmern die am meisten gesprochene Muttersprache ist. Die gegenwärtige Literatur ist wesentlich von dieser Wirklichkeit bestimmt. Das gilt auch für den deutschsprachigen Literaturbetrieb, der mit seinem vielfältigen System von Verlagen, Printmedien, Preisen und Autoren-Veranstaltungen einzigartig ist in Europa. Wenigstens drei Besonderheiten dieser kulturellen Szene sind hervorhebenswert: 1. die Aufwertung der Literaturkritik, die außer im Zeitungsfeuilleton auch im Fernsehen und im Internet (zum Beispiel mit den Laienrezensionen) an Bedeutung gewonnen hat und die wohl wichtigste Vermittlungsstation zwischen Autor und Leser bildet; 2. die neu aufgekommene Event-Kultur, die das Buch nicht nur als Lektüreobjekt betrachtet, sondern als Ereignis, das in multimedialen, publikumswirksamen Formaten inszeniert werden kann (etwa als Krimilesung in einem Gerichtsgebäude oder bei einem Poetry Slam); 3. die Zeitgenossenschaft von Autor und Leser, die über das literarische Werk an der gleichen Gegenwart teilnehmen und darüber kommunizieren (zum Beispiel in einem Internet-Blog des Autors oder in Gesprächen nach Autorenlesungen an Schulen).

Peter Stamm gehört mit seinem Geburtsjahrgang (1963) und dem Jahr seines literarischen Debüts (*Agnes* erschien 1998) zu den Autoren, die in den Jahren der ›Berliner Republik‹ die Bühne betraten. Er ist gebürtiger Schweizer, lebt in Winterthur, würde aber aufgrund seiner längeren Auslandsaufenthalte (Paris, London, New York, Berlin, Skandinavien) mit der Bezeichnung ›Schweizer Schriftsteller‹ in eine allzu enge literaturgeschichtliche Schublade gesteckt; besser passt schon ›deutschsprachiger Schriftsteller aus der Schweiz‹.

Doch Berlin kommt in *Agnes* überhaupt nicht vor. Der Handlungsort ist Chicago in den USA, nicht Deutschland, nicht einmal Europa, wohin allerdings die Wurzeln des Erzählers (in die Schweiz) und Louises (nach Frankreich) zurückführen. Die Zeit der 1990er-Jahre ist durch die Erwähnung der Medien präsent, die damals populär wurden: Videokamera (vgl. S. 10 f.) und Computer (vgl. etwa S. 150); seit Mitte der 1990er-Jahre begann die DVD die Videokassette als Speicher- und Wiedergabemedium abzulösen. Insofern ist *Agnes* auch ein Roman über jene mediale Gegenwart.

Stamms *Agnes* lässt sich keiner Tendenz eindeutig zuordnen, ist vielmehr ein Integrationspunkt wichtiger Strömungen der zeitgenössischen Literatur. Der Roman praktiziert die pluralistischen Erzählformen der Postmoderne, ohne die realistischen Traditionen der Moderne zu verleugnen (vgl. S. 13 bis 19 dieses Bands). »Mehrfache Kodierung, Synkretismus [Vermischung] der Gattungen, Interkulturalität, Intermedialität, verschiedene Typen der Transtextualität (v. a. Inter- und Metatextualität); Rätselhaftigkeit des Textes, Kommunizierbarkeit des offenen Kunstwerkes, Wiederentdeckung des Erzählens – das alles sind nicht nur Merkmale der *Agnes,* sondern auch der (deutschsprachigen) Gegenwartsliteratur der 90er Jahre.« (Jambor 2008, S. 38) Peter Stamm hat dazu in seiner ersten Wiesbadener Poetikvorlesung bemerkt: »Wer sich – wie ich – auf die Beziehungen zwischen Menschen und Dingen spezialisiert, kann über keine andere Zeit schreiben als die eigene« (WP, S. 29).

Vom minimalistischen Stil und vom Thema her (Entfremdung, Einsamkeit, Glückssuche, Liebesmelancholie) steht Stamms Debütroman der Pop-Literatur nahe und kann mit Judith Hermanns Erzählungsband *Sommerhaus, später* (1998) verglichen werden. Hermann, 1970 geboren, hatte mit diesem

Buch einen außergewöhnlichen Erfolg, schon nach einem halben Jahr erreichte es die neunte Auflage. Es spielt im Milieu der »Generation Golf«; so hat der Journalist Florian Illies die Jugend der 1990er-Jahre bezeichnet, deren Lebensgefühl sich besser anhand von populären Marken (beispielsweise eben dem VW Golf) als mithilfe konventioneller Werte beschrieben ließ, die in eine unbestimmte Zukunft aufbrechen und aus ihrer ungeklärten Lebenssituation möglichst viel Genuss ziehen wollte. Hermanns Protagonisten sind Angehörige dieser Jugendkultur, und was sie so interessant macht, ist ihre Unfähigkeit zur Kommunikation: »Die jungen Menschen verstummen als Einzelgänger und gehen sich gegenseitig aus dem Weg.« (Barner, S. 972) In der letzten Geschichte von *Sommerhaus, später* lernt eine junge Frau, Marie, einen Künstler kennen, der klein und in ihren Augen hässlich ist. Sie küsst ihn, trifft sich mit ihm, sonst passiert nichts. Am Ende nimmt der Künstler Maries Kuss mit einer digitalen Kamera auf und zeigt ihn ihr auf dem Monitor. Inszeniert wird ein »Später«, das als eine Warnung vor verpassten Gelegenheiten und als eine mediale Erinnerung an erlebtes, aber unbeschreibbares Glück verstanden werden kann. »Glück ist immer der Moment davor«, so heißt es in Hermanns Band. Das ist auch die Grundsituation des Dialogs über das Glück, den Stamms Erzähler mit Agnes vor Seurats Bild führt.

Der Erzählrahmen von *Agnes* stellt eine Erinnerungshandlung dar, die Binnenhandlung erzählt davon, was erinnert wird und wie dies geschieht. Damit kann Stamms Roman als Erinnerungsroman bezeichnet werden. Dieses Genre entstand als charakteristisches Phänomen in den 1990er-Jahren, als auch die Kultur- und die Neurowissenschaft die enormen Leistungen des Gedächtnisses historisch und biologisch zu untersuchen begannen. Inhalt der Erinnerungsromane sind meistens die Ereignisse der 1930er- und 1940er-Jahre, das heißt Weltkrieg und Holocaust, Flucht und Vertreibung (etwa bei Günter Grass und Martin Walser), aber auch die Jahre der DDR und die Zeit von Mauerfall und deutscher Wiedervereinigung (etwa in Thomas Brussigs 1999 erschienenem Roman *Am kürzeren Ende der Sonnenallee*). Den jüngeren Autoren von Erinnerungsromanen geht es vor allem darum, das Zeugnis der Zeitzeugengeneration mit den eigenen Vorstellungen von der Vergangenheit anzureichern und dadurch womöglich zu verfremden. Durch die Vorstellungskraft der Literatur wird so aus der Geschichte, der *history*, eine Geschichte, eine *story*, die Fakten mit Fiktionen vermischt und auf diese Weise demonstriert, dass die Erinnerung nicht sagt, wie es gewesen ist, sondern davon erzählt, was eigentlich alles mit den Erinnerungen im Prozess des Erinnerns angestellt wird: Sie werden verkürzt, verdrängt, verschwiegen, verformt, ausgebaut, fiktional überformt, manchmal sogar neu erfunden.

Ein Beispiel dafür ist der 1995 erschienene Roman *Der Vorleser* des 1944 geborenen Verfassungsrichters und Krimiautors Bernhard Schlink. Die Geschichte um die ehemalige KZ-Wärterin Hanna, eine Analphabetin, und den Schüler Michael, der ihr vorliest, beginnt als Liebesgeschichte, wird zur juristischen Fallgeschichte, als Hanna vor Gericht angeklagt wird und Michael als Jurastudent den Prozess beobachtet, und endet Jahre später als Tragödie, als sich Hanna kurz vor ihrer Entlassung aus dem Gefängnis in der Zelle erhängt. Die Erinnerung wird hier reflektiert als Prozess zwischen schlechtem Gewissen und gerechtem Urteil, zwischen Verstehen und Wissen. Eine Lösung des Erinnerungskonflikts gibt es nicht.

Auch in *Agnes* spielt das Modell der kritischen Erinnerung eine maßgebliche Rolle. Es wird allerdings nicht auf ein äußeres politisches Ereignis bezogen, sondern nach innen gewendet zur Erkundung einer fatal endenden und fiktiv gebrochenen Liebesgeschichte. Wenn man die vier Leitfragen der kritischen Erinnerungsliteratur – wann und wo erinnert wird und wer sich wie erinnert (Braun, S. 115 f.) – auf den Roman anwendet, kommt man zu folgenden Ergebnissen:

Der Zeitpunkt der Erinnerung wird nicht konkretisiert: Es fehlt ein besonderes zeitgeschichtliches Ereignis, das für die erinnerte Handlung von Bedeutung wäre. Klar ist lediglich, dass die Handlung bereits im digitalen Zeitalter spielt. Neben dem Hinweis auf die Präsidentschaftswahlen (vgl. S. 21) gibt es sonst nur die Auskunft des Aufsehers im Hoosier Nationalpark in Indiana, der für die Wanderung ein Gebiet empfiehlt, das nach der Massenemigration der Bewohner »in den dreißiger Jahren« nun »seit fünfzig Jahren Wildnis war« (S. 70 f.) – was für eine Handlungszeit um 1990 spricht. Der Zeitpunkt des Erinnerten bleibt somit, wie die vom bahnreisenden Erzähler wahrgenommene Landschaft, im »Ungefähre[n], Ungenaue[n]« (S. 34). Die Zeit der Gegenwart kommt als Lebensgefühl ins Spiel, und die Erinnerung ist in *Agnes* ein aus Mangelerfahrungen entspringender Prozess, der ständig auf die Gegenwart bezogen ist, in der das, was erinnert wird, fehlt: die Hauptfigur Agnes.

Der Ort des Erinnerns ist die dunkle Wohnung des Erzählers im 27. Stock eines Chicagoer Hochhauses. Hier sieht er sich das von Agnes aufgenommene Ausflugsvideo an. Mit den Bildern kommen seine Erinnerungen an die gemeinsam erlebten neun Monate ins Rollen. Die Dunkelheit des Erinnerungsraums hat eine symbolische Qualität. Der Erzähler hat sich den Zugang zur äußeren Kommunikationswelt willentlich versperrt: »die Fenster lassen sich nicht öffnen« (S. 9), das Telefon wird nicht abgenommen (vgl. S. 153). Ihm bleibt der Weg in die eigenen Seelenlandschaften, die in seinem Bericht – durchaus selbstkritisch (vgl. S. 12, 131 f. und 147) – ausgeleuchtet werden.

Der Urheber der Erinnerung, der Erzähler, gibt sich den Anschein eines dokumentarischen Protokollführers der Geschichte, entpuppt sich jedoch immer mehr als ein unzuverlässiger Zeuge. Er bietet dem Leser widersprüchliche, falsche und – in der Geschichte in der Geschichte – erfundene Erinnerungen. Indem der Erzähler aus dem Schatz des Erinnerten nur das birgt, was er für erzählenswert und für richtig hält, verändert er auch seine Rolle als Autor der Erinnerung. Diese Rolle wird zwielichtig und fragwürdig, sie gerät bisweilen in die Nähe zur Schauspielerei.

Am wichtigsten sind der Modus und die Funktion der Erinnerung. Die Erinnerung in *Agnes* ist eine inszenierte Erinnerung. Sie hängt von der Eigengesetzlichkeit des poetischen Werks ab, das sich weniger an der faktischen Realität ausrichtet als vielmehr aus dem Einbildungsvermögen des Autors und den Regeln einer spannenden Narration herausbildet. Literarisch ist die Erinnerung in *Agnes*, indem sie andere literarische Werke (von John Keats, Shakespeare, Dylan Thomas, Robert Frost, Herman Hesse) zitiert, weil sie das Erinnerte in szenische Erzähleinheiten segmentiert (34 Kapitel ohne den Rahmen) und vor allem weil sie eine zweite Geschichte innerhalb der erinnerten Geschichte erfindet: jene Geschichte einer möglichen anderen Erinnerung, welche aber die erste Geschichte nicht ungeschehen machen kann. Der Blick »ganz nach hinten« (S. 153) gelingt dem sich erinnernden Erzähler nicht.

VI Rezeption

Debütromane haben es einerseits schwer. Dem Autor fehlt noch das Publikum, der Kritik fehlen Vorkenntnisse. Auf der anderen Seite sind Debütromane eine große Chance. Sie können dem Autor eine große Karriere eröffnen. Dafür bietet der deutschsprachige Literaturmarkt, auf dem jährlich etwa 14000 belletristische Werke erscheinen und so viele Literaturpreise verliehen werden wie das Jahr Tage hat, beste Voraussetzungen. *Agnes* ist zu einem solchen Glücksfall der Rezeption geworden. »Kaum kann man glauben, daß *Agnes* ein Debütroman sein soll«, wunderte sich Peter Hamm im Wochenmagazin *Focus* (16. November 1998). »Da gibt es kein schiefes Bild, keinen falschen Vergleich, kein Adjektiv als bloß schmückendes Attribut, kein Wort zuviel oder zuwenig. Peter Stamms Prosa ist bei aller vorsätzlichen Schmucklosigkeit vollkommen geschmeidig – also vollkommen. Die Schweizer Literatur darf sich zu dieser neuen und unverwechselbaren Stimme gratulieren.«

Auch der Kritiker Andreas Isenschmid lobte die Sprachkunst Stamms und las den Roman als »Metapher für ein Land, das so neutral ist, daß es sich noch nicht einmal in die eigenen Verhältnisse einmischt. Wer wissen will, wie es um die Schweiz steht, muß […] auch Peter Stamms Weggehen und Wegsehen zur Kenntnis nehmen« (Stillers Kinder, in: *Die Zeit*, 8. Oktober 1998). Die Agnes-Geschichte verstand Sabine Doering als »verstörende Parabel über die Macht der Literatur« (Eiswinde in Chicago, in: *Frankfurter Allgemeine Zeitung*, 23. April 1999). Ulrich Greiner hat dieses Urteil bekräftigt: »Die eigentliche Tragödie besteht darin, dass dem Mann der Spagat zwischen fantasiertem und gelebtem Leben misslingt.« (Im Schnee, in: *Die Zeit*, 30. August 2001) Norbert Staub geht noch einen Schritt weiter. »Dort, wo die Phantasie das Zepter übernimmt, hat die Erzählung ihre faszinierenden Passagen. Mit der unheimlichen Verwandlung des Realen ins Mediale spricht Peter Stamm mit leichter Hand, aber präzise an, was die Gegenwartsliteratur umtreibt, aber von ihr nur selten so elegant vermittelt wird.« In der »Welt der rieselnden und rutschenden Wirklichkeiten« lasse sich immer müheloser auf Echtheitsbeweise für Erfahrungen verzichten (Rieselnde Wirklichkeiten, in: *Neue Zürcher Zeitung*, 8. Oktober 1998).

Den ›Ritterschlag‹ erhielt Stamm in der Fernsehsendung *Das Literarische Quartett* vom 10. Dezember 1999. Die Marktwirkung dieser zwischen 1988 und 2001 gesendeten Diskussionsrunde war groß. Am Tag danach lagen die besprochenen Bücher in so gut wie jeder Buchhandlung aus, auch wenn sie verrissen worden waren. Stamms Prosaband *Blitzeis* erhielt einstimmiges Lob von allen Kritikern. Marcel Reich-Ranicki urteilte: »Der Autor hat mich sehr, sehr beeindruckt. Ich glaube, daß er ein ernstes Talent ist. Jede dieser Geschichten hat eine ganz bestimmte Stimmung. Es kommt, möchte ich wagen zu sagen, von einer poetischen Beobachtung, und deswegen glaube ich, daß dieses dünne Buch von Peter Stamm, *Blitzeis* betitelt, zu den ganz schönen und wichtigen Büchern gehört, die es überhaupt in diesem Herbst gegeben hat.«

In der Forschung gilt Peter Stamms *Agnes* als sein »bisher hintergründigstes Werk« (Rusterholz / Solbach, S. 396).

Auswahlbibliographie

Werke von Peter Stamm (Auswahl)

Agnes. Roman. Zürich: Arche Verlag 1998. Zitiert wird nach der sechsten Auflage (Oktober 2011) der Taschenbuchausgabe: Frankfurt am Main: Fischer Taschenbuch Verlag 2009.

Blitzeis. Erzählungen. Zürich: Arche Verlag 1999.

Ungefähre Landschaft. Roman. Zürich: Arche Verlag 2001.

In fremden Gärten. Erzählungen. Zürich: Arche Verlag 2003.

An einem Tag wie diesem. Roman. Frankfurt am Main: S. Fischer Verlag 2006.

Sieben Jahre. Roman. Frankfurt am Main: S. Fischer Verlag 2009 (zitiert als: SJ).

Wegbeschreibungen. Wo beginnt ein Text? In: ROSEMARIE ALTENHOFER und andere (Hrsg.): »nehmen sie sich beim Wort ins Kreuzverhör«. Vorlesungen der Wiesbadener Poetikdozentur. Frankfurt am Main: S. Fischer Verlag 2010, S. 13 – 56 (zitiert als: WP).

Seerücken. Erzählungen. Frankfurt am Main: S. Fischer Verlag 2011.

Biographie, Werkartikel, Interviews

HOORN, TANJA VAN: Peter Stamm. In: Kritisches Lexikon zur deutschsprachigen Gegenwartsliteratur. 96. Neulieferung (Oktober 2010) (zitiert als: van Hoorn).

KASATY, OLGA OLIVIA: Entgrenzungen. Vierzehn Autorengespräche über Liebe, Leben und Literatur. München: edition text+kritik 2007, S. 395 – 430 (Interview mit Peter Stamm, zitiert als: KI).

REINACHER, PIA: Laudatio auf Peter Stamm anlässlich der Verleihung des Rauriser Literaturpreises. In: Salz. Zeitschrift für Literatur 1999, S. 4–5.

WIEDERSTEIN, MICHAEL: Der Schweizer Erzähler. Interview mit Peter Stamm. In: Schweizer Monat, Oktober 2011. Online: http://www.schweizermonat.ch/artikel/der-schweizer-erzaehler (Abfrage am 27. Dezember 2011) (zitiert als: Wiederstein).

Zu »Agnes«

HEFFERNAN, VALERIE: Unschweizerische Schweizerliteratur? Ruth Schweikert, Peter Stamm, Zoë Jenny. In: JÜRGEN BARKHOFF, VALERIE HEFFERNAN (Hrsg): Schweiz schreiben. Zur Konstruktion und Dekonstruktion des Mythos Schweiz in der Gegenwartsliteratur. Berlin, New York: Verlag De Gruyter 2010, S. 283–296.

JAMBOR, JÁN: Peter Stamms »Agnes« als eines der Schlüsselwerke der deutschsprachigen Schweizer Literatur der 90er Jahre. In: ANE KLEIN und CHRISTIAN IRSFELD (Hrsg.): Grenzgängereien. Prešov: Filozofická fakulta Prešovskej univerzity 2008, S. 23–40 (zitiert als: Jambor 2008).

JAMBOR, JÁN: Zum Bild der Familie in Peter Stamms Erzählprosa. In: BEATRICE SANDBERG (Hrsg.): Familienbilder als Zeitbilder. Erzählte Zeitgeschichte(n) bei Schweizer Autoren vom 18. Jahrhundert bis zur Gegenwart. Berlin: Frank & Timme 2010, S. 265 bis 279.

PÜTZ, WOLFGANG: Peter Stamm: Agnes. Lektüreschlüssel. Stuttgart: Reclam Verlag 2011 (zitiert als: Pütz).

RECKEFUSS, ELKE: »Agnes« von Peter Stamm. Die (mögliche) Auflösung einer Identität. In: Deutschmagazin 5 (2004), S. 45–50.

ROWINSKA, BARBARA: Liebe, Tod und virtuelle Realität. Zum Roman »Agnes« von Peter Stamm. In: DAIUSZ KOMOROWSKI (Hrsg.): Jenseits von Frisch und Dürrenmatt. Raumgestaltung in der gegenwärtigen Deutschschweizer Literatur. Würzburg: Verlag Königshausen & Neumann 2009, S. 95–108.

SCHMID, BIRGIT: Die literarische Identität des Drehbuchs. Untersucht am Fallbeispiel »Agnes« von Peter Stamm. Bern u. a.: Peter Lang Verlag 2003 (zitiert als: Schmid).

SCHMITT-KAUFHOLD, ANGELIKA: Peter Stamm: Agnes. Stuttgart und Leipzig: Klett Verlag 2011 (zitiert als: Schmitt-Kaufhold).

SCHÖMEL, WOLFGANG: »Die Frauen lieben die Männer nicht.« Aber sie lassen sie Liebesgeschichten schreiben. Peter Stamms Roman »Agnes«. In: CHRISTIANA SOLLTE-GRESSNER und andere (Hrsg.):

Eros und Literatur. Liebe in Texten von der Antike bis zum Cyberspace. Festschrift für Gert Sautermeister. Bremen: edition Lumière 2005, S. 343 – 350.

SCHWAHL, MARKUS: Die Leere in der Mitte. Postmoderne Literatur im Unterricht: Peter Stamms »Agnes«. In: Literatur im Unterricht 10 (2009) Heft 2, S. 93 – 105 (zitiert als: Schwahl).

WAHL, JOHANNES: Peter Stamm: Agnes. Lektürehilfen. Stuttgart: Klett Verlag 2011 (zitiert als: Wahl).

VOLLMER, HARTMUT: »Glück malt man mit Punkten, Unglück mit Strichen.« Peter Stamms Roman »Agnes«. In: Monatshefte 100 (2008) Heft 2, S. 266 – 281 (zitiert als: Vollmer).

Deutschsprachige Gegenwartsliteratur und Schweizer Literaturgeschichte

BARNER, WILFRIED, und andere (Hrsg.): Geschichte der deutschen Literatur von 1945 bis zur Gegenwart. 2. Auflage. München: Verlag C. H. Beck 2006 (zitiert als: Barner).

BRAUN, MICHAEL: Die deutsche Gegenwartsliteratur. Eine Einführung. Köln, Weimar: UTB 2010 (zitiert als: Braun).

BRENNER, PETER J.: Neue deutsche Literaturgeschichte. Vom »Ackermann« zu Günter Grass. 3. Auflage. Tübingen: Max Niemeyer Verlag 2011 (zitiert als: Brenner).

KOPP-MARX, MICHAELA: Zwischen Petrarca und Madonna. Der Roman der Postmoderne. München: Verlag C. H. Beck 2005 (zitiert als: Kopp-Marx).

RUSTERHOLZ, PETER, und ANDREAS SOLBACH (Hrsg.): Schweizer Literaturgeschichte. Stuttgart, Weimar: Verlag J. B. Metzler 2007 (zitiert als: Rusterholz / Solbach).

Internetadressen

www.peterstamm.ch (Homepage von PETER STAMM).

http://www.kas.de/akademie/de/publications/23158/ (MICHAEL BRAUN: Interview mit PETER STAMM am 16. Juni 2011 in Berlin).

Über den Autor

Michael Braun (geboren 1964) hat in Aachen, Bonn, Edinburgh und Pittsburgh Germanistik, Katholische Theologie, Politikwissenschaft und Pädagogik studiert. Als Deutschlehrer hat er zwei Jahre im englischsprachigen Ausland unterrichtet. Nach dem Staatsexamen, der Promotion (als Studienstiftler) und der Habilitation lehrt er als außerplanmäßiger Professor für Neuere Deutsche Literatur und ihre Didaktik an der Universität zu Köln. Seit 1992 leitet er das Referat Literatur in der Konrad-Adenauer-Stiftung und hat dort Fortbildungen mit Lehrern, Tagungen mit europäischen Germanisten und Veranstaltungen mit Autoren konzipiert und durchgeführt. Zahlreiche Publikationen und Rezensionen zur Literatur des 19. bis 21. Jahrhunderts, zum Film und zur Kulturpolitik, zuletzt: *Die deutsche Gegenwartsliteratur. Eine Einführung* (2010), *Filmperspektiven: Filmanalyse für Schule und Studium* (mit Werner Kamp, 2011). In dieser Reihe erschien 2010 die Interpretation *Arthur Schnitzler: Leutnant Gustl* (Titelnummer 47710).

Bildquellenverzeichnis

Titelbild: Peter Stamm in Paris.
© INTERFOTO / Writer Pictures Ltd
S. 9: © ullstein bild – Schleyer
S. 21: © ullstein bild – imagebroker.net / Michael Weber
S. 27: © mauritius images / Firstlight
S. 29: © ullstein bild – Minehan
S. 31: © akg-images
S. 41: © mauritius images / imagebroker / Michael Weber
S. 51: © INTERFOTO / imagebroker
S. 54 und 73: © ullstein bild – The Granger Collection
S. 61: © INTERFOTO / Thomas Haltner
S. 66 und 91: www.visipix.com

Bereits erschienen:

Bertolt Brecht: *Leben des Galilei* (47702)
Georg Büchner: *Dantons Tod* (47719)
Georg Büchner: *Woyzeck* (47708)
Friedrich Dürrenmatt: *Der Besuch der alten Dame* (47706)
Friedrich Dürrenmatt: *Die Physiker* (47712)
Theodor Fontane: *Effi Briest* (47707)
Theodor Fontane: *Irrungen, Wirrungen* (47722)
Max Frisch: *Homo faber* (47718)
Johann Wolfgang von Goethe: *Die Leiden des jungen Werther* (47701)
Johann Wolfgang von Goethe: *Faust I* (47721)
Johann Wolfgang von Goethe: *Iphigenie auf Tauris* (47715)
Franz Kafka: *Der Proceß* (47703)
Franz Kafka: *Die Verwandlung* (47727)
Heinrich von Kleist: *Das Erdbeben in Chili* (47709)
Heinrich von Kleist: *Michael Kohlhaas* (47705)
Heinrich von Kleist: *Prinz Friedrich von Homburg* (47713)
Wolfgang Koeppen: *Tauben im Gras* (47714)
Christian Kracht: *Faserland* (47729)
Thomas Mann: *Buddenbrooks* (47716)
Thomas Mann: *Mario und der Zauberer* (47717)
Friedrich Schiller: *Don Karlos* (47704)
Friedrich Schiller: *Kabale und Liebe* (47723)
Friedrich Schiller: *Maria Stuart* (47700)
Arthur Schnitzler: *Leutnant Gustl* (47710)
Arthur Schnitzler: *Traumnovelle* (47711)

Folgende weitere Bände der Reihe »Schroedel Interpretationen« erscheinen 2012 und 2013:

Alfred Andersch: *Sansibar oder der letzte Grund* (47726; Sommer 2012)
Günter Grass: *Im Krebsgang* (47730; Herbst 2012)
E. T. A. Hoffmann: *Der Sandmann* (47725; Frühjahr 2013)
Daniel Kehlmann: *Die Vermessung der Welt* (47736; Sommer 2013)
Heinrich von Kleist: *Die Marquise von O…* (47734; Anfang 2013)
Gotthold Ephraim Lessing: *Emilia Galotti* (47724; Frühjahr 2012)
Gotthold Ephraim Lessing: *Nathan der Weise* (47732; Sommer 2013)
Thomas Mann: *Der Tod in Venedig* (47728; Sommer 2012)
Joseph Roth: *Hiob* (47731; Ende 2012)
Friedrich Schiller: *Die Jungfrau von Orleans* (47737; Ende 2012)
Sophokles: *Antigone* (47735; Frühjahr 2013)

Inhaltsverzeichnisse und **Probeseiten** finden Sie unter: http://www.schroedel.de/Interpretationen

Eine Auswahl von Lektüren der Reihe Texte.Medien (Textausgaben mit Materialien)

Die einzelnen Bände werden jeweils durch **Arbeitshefte, Informationen für Lehrerinnen und Lehrer** und zum Teil **mediales Zusatzangebot** ergänzt:

Georg Büchner: *Dantons Tod* (47022)
Georg Büchner: *Woyzeck* (47028)
Johann Wolfgang von Goethe: *Faust. Der Tragödie erster Teil* (47009)
Johann Wolfgang von Goethe: *Iphigenie auf Tauris* (47422)
Franz Kafka: *Die Verwandlung und andere Erzählungen* (47005)
Heinrich von Kleist: *Prinz Friedrich von Homburg* (47064)
Friedrich Schiller: *Kabale und Liebe* (47423)
Friedrich Schiller: *Maria Stuart* (47421)
Arthur Schnitzler: *Traumnovelle* (47006)

Weitere Titel sowie eine Übersicht zu geplanten neuen Textausgaben finden Sie unter: www.schroedel.de/textemedien